KB062893

이름이 법이 될 때

이름이 법이 될 때

법이 되어 곁에 남은 사람들을 위한 변론

초판 1쇄 펴낸날   2021년 9월 3일
초판 8쇄 펴낸날   2024년 9월 30일

지은이 정혜진   **편집** 이정신 이지원 김혜윤 홍주은
펴낸이 이건복   **디자인** 김태호
펴낸곳 도서출판 동녘   **마케팅** 임세현
                              관리 서숙희 이주원

만든 사람들
편집 박소연   **디자인** 어나더페이퍼. 이희영

인쇄·제본 영신사   **라미네이팅** 북웨어   **종이** 한서지업사

등록 제311-1980-01호 1980년 3월 25일
주소 (10881) 경기도 파주시 회동길 77-26
전화 영업 031-955-3000 편집 031-955-3005 팩스 031-955-3009
홈페이지 www.dongnyok.com **전자우편** editor@dongnyok.com
페이스북·인스타그램 @dongnyokpub

이름이 법이 될 때

: 법이 되어 곁에 남은 사람들을 위한 변론

정혜진 지음

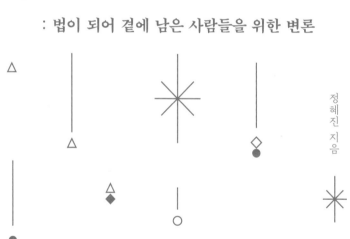

동녘

일러두기

1. 각 법의 입법 계기가 된 사건은 당사자의 이름을 기억하기 위해 ○○○ 사건으로 적었습니다(예: 김용균법 – 김용균 사건).

2. 이름을 딴 법은 문맥에 따라 국회를 통과하고 공포되어 시행되고 있는 법률 혹은 법률이 되는 과정에 있는 법안을 이릅니다(예: 김용균법 – 2019. 1. 15. 전부개정된 산업안전보건법 – 산업안전보건법 전부개정안).

3. 법률 및 하위 법령의 정식 명칭과 약칭, 각 장의 마지막에 수록된 법조문 및 개정 이유와 주요 내용은 대한민국 공식 법령 정보 제공 사이트인 국가법령정보센터의 표기를 따랐습니다.

4. 단행본, 일간지, 학술지, 잡지, 자료집, 대책안, 보고서 등은 《 》 안에, 논문, 칼럼, 방송 프로그램, 기사, 영화 등은 〈 〉 안에 넣어 표기했습니다.

5. 벌금의 액수는 법률의 표기를 따라 적었습니다(예: 1천만원).

우리는 슬픔으로
무엇을 해야 할지 모른다

✳ ——————————————— 정혜윤 라디오 PD, 《슬픈 세상의 기쁜 말》 저자

이 글에 나온 이름들이 어쩔 수 없이 여러 가지 괴로운 기억들을 떠오르게 한다. 구의역 김 군이 사망했을 때 김 군의 친구를 인터뷰했다. 죽기 전날 점심을 함께 먹은 친구였다. 둘이 친구가 된 것은 김 군이 먼저 자판기에서 꺼낸 캔 음료를 건네며 말을 걸어서였다. 직장에서 친구가 된 둘이 나눈 이야기는 늘 하나였다. "우리 잘릴까?" 마지막으로 함께 밥을 먹을 때 김 군이 한 말도 이것이었다. "아무래도 나 잘릴 것 같아." 그래도 김 군은 언제 같이 여행을 가자는 말도 했다. 김 군의 친구는 내게 이렇게 말했다. "우리는 늘 잘릴까 아닐까 그런 이야기만 했지 뭘 좋아하는지, 최소한 어떤 음식을 좋아하는지도 이야기를 못해 보고 살았어요. 그게 가장 후회돼요." 김 군의 친구는 김 군이 죽은 후에도 계속 김 군에게 전화를 했다.

김용균의 롤모델은 엄마였다. 힘들어도 열심히 사는 엄마가 멋져 보인다고 김용균은 늘 말하곤 했다. 아들의 그 말이 엄마에게는 은은한 자부심이었다. 그러나 과연 힘들어도 열심히 일했어야 했나? 마지막으로 아들을 만난 날 엄마는 "그렇게 힘들면 그만두면 안 되겠니?" 물었다. 김용균은 조금만 더 참아보겠다고 했다. 그는 집안 형편이 어려워 엄마가 고생하는 것을 알고 어서 빨리 도움이 되고 싶어 했다.

사고가 나자 아침 6시에 태안경찰서에서 전화가 왔다. 아드님이 맞는지 확인해달라고 했다. "대체 뭘 확인해달라는 거예요?" 아들이 어떤 상태인지 몇 번을 물어도 경찰은 그냥 확인해달라고만 했다. 차가 없는 부모는 기차를 타고, 택시를 타고 여섯 시간 넘게 달려 태안의료원에 도착했다. 그 긴 시간 동안 엄마는 속으로 생각했다. '우리 애는 기절해서 깨어나지 않는 것뿐이야!' 의료원에 도착하자 부모는 중환자실로 뛰어갔다. 그러나 용균이 같은 아이는 들어오지 않았다고 했다. 남은 곳은 한군데뿐. 영안실이었다. 경찰이 서랍장을 열었다. 얼굴이 먼저 나왔다. 얼굴이 까맸다. 석탄가루 범벅이었다. 부모는 그 순간을 죽을 때까지 잊을 수가 없을 것이다. 엄마는 아들의 동료들에게 몰래 묻기 시작했다. "우리 용균이가 어떻게 죽었는지 알려줘." 참 이상한 질문이다. 자식이 부모보다 오래 사는 것이 순리 아닌가. 엄마에게는 이 모든 일이 꿈만 같았다. 엄마는 가끔 용균이에게 전화를 건다. 김용균의 전화번호는 지금도 살아 있고 휴대폰에는 김용균이 스스로에게 남긴 메모들이 남아 있다. "김용균에게. 용균아 힘내!"

김관홍 잠수사는 잠수할 때 세월호 밑의 어둠을 자주 묘사했었다. 뻘이 가득해 한 치 앞도 보이지 않는 깊은 어둠. 그러나 그 어둠보다 더 무서운 것은 사람의 마음이라는 것을 아는 데 오래 걸리지 않았다. 그의 장례식 날이 기억난다. 많은 사람들이 왔다. 이상한 것은 세월호 유가족 중 몇몇이 밝은 얼굴이었다는 것이다. "관홍이는 우리 아이들 지금쯤 만났겠지요? 우리 아이들이 말하겠지요? 아저씨! 아저씨가 우릴 꺼내줬지요. 아저씨가 내 친구를 꺼내줬지요. 고마워요." 유가족들이 웃고 있던 이유는 하나다. 아이들을 만나고 싶으니까. 우리 모두 같이 만나고 웃고 이야기하고 싶으니까. 죽어서라도 보고 싶으니까. 영원히 살려놓고 싶으니까. 그리고 우리는 정말 다시 만날 테니까.

이 책은 '이름과 법'이 만나는 이야기이면서 동시에 죽은 자와 산 자가 만나고 현재와 미래가 만나고 슬픔이 변화와 만나고 자신의 이름을 가졌던 한 구체적인 개인에게 일어난 일이 우리 모두의 운명과 만나는 이야기다. 유가족들의 슬픔이 사회적 에너지로 분출되는 것은 기적과 같은 일이다. 책에 나오는 임세원 유가족의 꿈이 여기 등장하는 모든 유가족들의 꿈일 것이다. 비극을 슬픔으로만 끝내고 싶지 않은. 우리는 슬픔으로 무엇을 해야 할지 모른다. 그러나 이렇게 이름이, 이야기가, 우리의 삶으로, 사회로, 미래로 들어와야 한다.

타인의 이름에 우리는
얼마나 많은 빚을 지고 있을까

✳ ———————————————— 김민섭 《당신이 잘되면 좋겠습니다》 저자

한 시대에 반드시 필요한 책이 있다. 아니, 시대라는 모호한 단어 대신, '우리가 살아가는 오늘'이라고 조금 더 정확하게 말해두고 싶다. 어제를 돌아보고, 오늘을 단단케 하고, 내일로 나아갈 수 있게 하는 그런 책. 그래서 읽는 내내 저자에게 고마웠다. 독자로서뿐만 아니라 작가로서도 그랬다. '이런 필요한 책을 써주셔서 감사합니다' 하는 마음에 더해, '아, 내가 쓰고 싶어 했던 책이 이것이었구나' 문득 알게 된 것이다. 누군가의 책임을 대신 져준 저자에게 감사를 보낸다.

　김용균, 태완이, 구하라, 민식이, 임세원, 사랑이, 김관홍. 모두가 알 법한, 적어도 한 번쯤 들어보았을 이름들이다. 나도 텔레비전과 신문과 타인의 말을 통해 이들이 겪은 일들을 꽤나 상세하게 보고 들었다. 말을 전하는 사람들은 대개 자신의 감

정을 얻어 가해자를 악마화했고 나는 동조하면서 그들을 강력하게 처벌해야 한다고 목소리를 높였다. 누군가를 증오하거나 혐오하는 일은 쉽고 간편하다. 게다가 자극적으로 그 대상을 소진하고 나면 타인의 공감을 이끌어내기도, 자신을 정의롭게 내어 보이기도 더욱 수월하다.

그러나 저자는 굳이 어려운 길을 택했다. 그는 이름이 겪은 일들을, 그리고 이름을 기억하려는 사람들이 느낀 아픔과 희망을 담담하고 선명하게 기록한다. 저자는 스스로 분노하지 않는다. 대신 독자로 하여금 구조와 제도를 돌아보고 그에 분노하게 한다. 그저 욕 한 번으로 감정을 해소하고 어제를 되풀이하는 것이 아니라 우리의 오늘을 근본적으로 변화시킬 방법을 찾게 하는 것이다. 저자 역시 취재를 하고 그것을 기록으로 남기는 동안 울컥하지 않았을 리 없겠지만, 그는 기자로 일한 경험이 어쩌면 이 책을 쓰기 위한 필연이 아니었을까 싶을 만큼 자신이 해야 할 일을 차분하고 정확하게 해나갔다.

김민섭이라는 나의 이름은 흔하다. 포털 사이트에 같은 이름을 검색해보면 10명이 넘게 나온다. 야구선수, 무용가, 해양수산과학원 팀장, 극장장 등등. 처음에는 이 흔한 이름이 싫었다. 나의 책이나 기사가 잘 검색되지 않는 데 대한 불만이었다. 그러나 언젠가부터 나는 그들을 응원하기 시작했다. 같은 이름을 가지고 어디선가 분투하고 있을 그들의 잘됨을 바라게 됐다. 스포츠 선수가 좋은 성적을 거뒀다고 하면 기뻤고, 40년 넘게 운영해온 극장이 문을 닫았다고 했을 때는 슬펐고, 학교 폭력을 당한 중학생 김민섭 씨의 소식을 접한 날은 내가 그를 위해 무엇을 할 수 있을까 오래 고민하기도 했다. 그러는 동안 작은 책임감이 생겼다. 김민섭이라는 이름의 무수한 개인 중 한 사람으로서 잘 살아가야겠다는 것이다. 그들이 나의 이름과 만났을 때 나의 무탈함에 안도할 수 있도록 잘 살아가야겠다고. 부끄럽지만, 단순히 이름이 같다는 이유 때문이다.

다른 이름들의 삶을 상상하기란 쉽지 않다. 그러나 사랑하는 사람의 이름을 법에 새기려한 그들은 달랐다. 특히 김용균의 어머니 김미숙 씨의 말이 마음에 남는다. "용균이법이 통과될 때 그 법이 있으면 그런 사고가 더 이상 안 날 거라고 생각하고 기뻐했죠." 그는 김용균과 연결된 또 다른 김용균들을, 자신의 아들과 닮은 평범한 타인들을 상상하게 되었다.

그뿐 아니라 그 이름을 가진 이를 기억하는 모두가 법을 변화시키기 위해 나섰다. 자신이 아끼던 이와 닮은 사람들이 무탈하기를 바라서일 것이다. 특히 정신질환자에게 살해된 임세원 씨의 유가족은 가해자를 처벌하기 전에 정신질환자와 그의 가족이 어떠한 처지에 놓여 있는지, 그들을 위해 우리가 무엇을 했는지 물어야 한다고 말했다. 정신질환자의 인권을 보장하는 치료 환경이 조성되어야 의료진의 안전도 보장받을 수 있다는 것이다. 나라면 이렇게 말할 수 있었을까. 별로 자신이 없다. 가족을 잃은 아픔이 채 가시기도 전에 가해자의 처지를 살피는 그들의 마음을, 나는 감히 짐작할 수가 없다.

　이 책은 김용균, 태완이, 구하라, 민식이, 임세원, 사랑이, 김관홍, 그리고 그들과 연결된 모두의 이름에서 발견한 '닮음'이 어떻게 법과 문화와 언어를 바꿔나가는지를 담고 있다. 다 읽고 나면 우리가 타인의 이름에 얼마나 많은 빚을 지며 살아가고 있는지 알게 되고, 자신의 이름에 얼마나 많은 책임이 따르는지를 돌아보게 된다. 오늘을 살아가는 우리는, 그렇게 서로의 이름이 가진 무게를 감각하면서 어제보다 조금 더 '잘 살아가야' 한다. 자신과 닮은 사람들을 더 발견하고 그들에게 더 다정해져야만 한다. 이 책을 읽으면, 그렇게 될 것이다.

언젠가부터 사람 이름을 딴 법이 자주 회자된다. 길고 어려운 법의 정식 명칭 대신 짧고 쉬운 사람 이름으로 부르는 게 편리하다지만 단지 그 때문만은 아닐 것이다. 법률명과 그 내용을 부르는 대신 입법의 계기가 된 누군가의 이름으로 법을 부르면, 자연스럽게 그 법에 담긴 사람의 이야기가 떠오른다. 법이라고 하면 무뚝뚝하고 건조해서 어쩐지 멀게 느껴지지만, 누군가의 삶에 얽힌 이야기를 품은 법은 바로 그 덕에 생기와 표정을 얻어 조금 더 가깝고 친근하게 다가온다. 요컨대 사람 이름을 딴 법은 법이 삶과 동떨어진 규율이 아니라 바로 우리 이웃의 이야기를 전문 용어로 다듬은 것이라는 걸 알려준다.

그렇다고 해서 누군가의 이름을 딴 법이 특정인에 한정된 이야기만은 아니다. 이름이 법이 되는 과정에서 그 이름을 부르는 이들의 이야기도 함께 얽히고설킨다. 이름의 쓸모가 그 이름을 부르는 이를 위해 있는 것처럼, 서로 다른 이해관계를 가진 이들이 있어야 그들 사이를 조율하는 법도 쓸모가 있기 때문이다. 그래서 누군가의 이름이 붙은 법을 들여다보는 건 양면 거울을 보는 것과 같았다. 한쪽으로는 이름을 가진 이 혹은 그 이름을 법에 내어준 이의 이야기가, 다른 쪽으로는 그 이름의 법을 만든 우리 사회의 모습이 보였다. 양면을 다 보아야 이름이 법이 되는 이야기가 완성되었다.

이 책은 이름이 법이 되는 과정에 관한 일곱 개의 이야기 꾸러미다. 시간의 유한함과 인간의 한계에 숙연해지는 이야기가 있는가 하면, 각자의 자리에서 최선을 다한 이들의 삶에 저절로 고개가 숙여지기도 한다. 그 터널을 지나다 보면 세월호 참사라는 우리 현대사의 가장 가슴 아픈 사건의 한 단면을 지나가기도 하고, 성장과 효율 중심 사회에서 그늘에 가려졌던 약자들의 고통과 필연적으로 만나기도 한다. 우리가 평소에 인식하지는 못하지만 태어나면서부터 죽는 순간까지, 아니 심지어 죽음 이후에도 법의 규율이 끝나지 않음을 새삼 깨닫게 해주는 이야기, 시대가 변하면서 자연스럽게 생기는 법의 모순에 대해 답을 찾아가는 어려운 질문을 품은 이야기도 담겼다.

이름도, 삶도, 법의 분야도 다 다른 일곱 개의 이야기를 풀어가는 내내 우리 모두가 입법자라는 명제를 곱씹어보게 되었다. 법은 국회에서 만들지만, 국회는 우리로부터 입법 권한을 위임

받았을 뿐이다. 이 간단한 민주주의 원리는 여론과 국회가 맞물려가며 이름이 법이 되는 과정에서 구체적이고도 선명하게 드러난다.

이 책이 법이 되어 우리 곁에 남은 사람들의 고통을 잊지 않고 그들을 추모하는 작은 기도가 되기를 간절히 바라지만(일곱 명 중 여섯 명이 세상을 떠났다), 그런 이유로 이야기가 지닌 치명적인 위험을 외면하지 않으려고 애썼다. 서양 법언에 "어려운 사건이 나쁜 법을 만든다Hard cases make bad law"라는 말이 있는데, 올리버 웬들 홈스Oliver Wendell Holmes 미국 전 연방 대법관은 그 말을 조금 달리 해 "큰 사건이 나쁜 법을 만든다Great cases like hard cases make bad law"라고 했다. 압도적인 관심을 불러온 어떤 사건 자체에 너무 몰두하면 본질을 놓쳐 판단이 왜곡될 수 있다는 것이다. 대중의 분노를 자아내는 사건이 발생했을 때 우리 국회가 근본적인 해결책을 차분하게 논의하기보다는 눈에 보이는 문제만을 건드리는 손쉬운 법을 뚝딱 만들어내는 일이 적지 않던 것도 사실이다.

어려운 사건이 나쁜 법으로 이어지는 걸 막으려면 '공동 입법자'들은 어떤 역할을 해야 할까. 그 고민을 나누고 싶었다. 그래서 나와 같은 '공동 입법자'들인 독자들에게 이름이 법이 되는 양면 거울의 이야기로 초대장을 보낸다. 삶과 법이 서로 영향을 주고받으며 만들어낸 우리 시대의 모습이 비치는 그 양면 거울의 한쪽 구석에는, 법이 된 이름들이 우리 사회에 던진 질문들과 함께 지난날 우리의 시행착오가 나뒹굴고 있다. 얼굴이 붉어지는 부끄러운 순간도 있지만 삶에서 그렇듯 입법에서도 시행착오 한두 번은 겪을 수 있다고 일단은 위로를 해본다. 공동 입법자들의 책임이 가볍지 않겠지만, '공동'이라는 이름으로 그 책임을 조금씩 덜어 나눈다면 기꺼이 질 만한 무게가 아닐까. 부디 초대에 응해주시기를 바라며, 거울을 활짝 연다.

차례

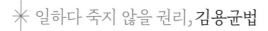

✳ 일하다 죽지 않을 권리, **김용균법**

✳ 영원의 시간 속에 살다, **태완이법**

✳ 부모의 자격, 상속의 자격, **구하라법**

일하다
죽지 않을
권리

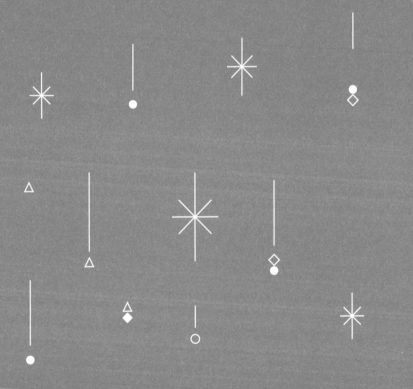

김용균법

일터는 깜깜했습니다.
그러나 어둠 속에서 빛은 더욱 밝습니다.
한줄금 빛을 비추고 싶은 마음은
그래서 더욱 간절했을지 모릅니다.

- 김지형, 〈고 김용균 사망사고 진상조사결과 종합보고서〉 발간사

김용균

1994. 12. 6. ~ 2018. 12. 10.

경북 구미에서 김해기·김미숙 부부의 아들로 태어났다. 영진전문대를 졸업하고 2018년 9월 17일 한국서부발전의 사내하도급 회사인 한국발전기술에 입사해 태안화력발전소 환승 타워에서 컨베이어 현장운전원으로 일했다. 같은 해 12월 10일 밤 10시 40분경, 컨베이어 벨트에 몸이 끼는 사고로 사망했다. 사망 62일째인 2019년 2월 9일 '청년비정규직 고 김용균노동자 민주사회장'으로 장례가 치러졌고, 모란공원에 묻혔다.

김용균법

1990년 이후 전부개정된 산업안전보건법을 말한다. 김용균 사건이 기폭제가 되어 산업재해 보호 대상 및 원청 책임을 확대하는 등의 내용으로 2018년 12월 27일 국회를 통과해 2020년 1월 16일부터 시행되었다.

◇ 법률 약칭 ◇

중대재해 처벌 등에 관한 법률: 중대재해처벌법

매년 2000명이
있었다

그 조간신문 1면엔 다른 신문에 다 나오는 일반적인 헤드라인과 톱기사 같은 게 없었다. 하단 광고마저 들어낸 지면 전체를 빼곡하게 채운 건 깨알 같은 활자들이었다.

박○○(미상, 떨어짐)

김○○(49, 끼임)

이○○(48, 물체에 맞음)

최○○(깔림·뒤집힘)

이○○(미상, 부딪힘)

…

성도, 나이도, ○○ 속에 감춰진 이름도 다를 텐데, 단순화된 죽

오늘도 3명이

퇴근하지 못했다

N○○(32, 깔림·뒤집힘), 윤○○(54, 떨어짐), ○○○(40, 떨어짐)…… 2018년부터 2019년 9월까지 '떨어짐', '끼임', '깔림·뒤집힘', '부딪힘', '물체에 맞음' 등 주요 5대 사고로 사망한 노동자 1200명의 이름이다.

자료: 〈오늘도 3명이 퇴근하지 못했다〉, 《경향신문》, 2019. 11. 21.

음의 형태는 유사했고 반복되었다. 건조한 명단의 나열 속에 문장이라곤 단 하나뿐이었다. "오늘도 3명이 퇴근하지 못했다."[1]

그 기사는 2018년 1월 1일부터 2019년 9월 말까지 고용노동부에 보고된 중대 재해 중 주요 5대 사고(떨어짐, 끼임, 깔림·뒤집힘, 부딪힘, 물체에 맞음)로 숨진 노동자 1355명 가운데 1200명의 명단이었다. 2018년 한 해 2142명의 노동자가 산업재해로 사망했다. 이 중 사고 사망자는 971명, 질병(직업병) 사망자는 1171명이다. 하루도 빠짐없이 노동자 세 명이 사고로 죽고 직업병까지 포함해서 하루 평균 여섯 명의 노동자가 일하다 죽는 사회를 발가벗긴 '무서운 지면'[2]에서 단 한 명의 이름만이 온전히 드러나 있다. '김용균(24, 끼임).' 그제야 새삼 깨닫는다. 김용균 이전에 산업재해로 죽은 노동자의 이름이 널리 알려지고 기억되는 일이 거의 없었다는 걸. 많은 이가 추모한 '구의역 김 군'조차 성과 열아홉 살이라는 나이만 알 뿐 이름은 알지 못한다.

OECD 가입국 중 산재 사망률 최상위라는 불명예는 어제오늘 일이 아니고, '일하다 죽지 않을 권리'를 외친 노동계의 목소리는 김용균의 죽음 이전에도 절박했다. 하지만 일하다 죽는 노동자의 소식은 신문의 구석진 자리조차 차지하지 못할 때가 대부분이었다. 그런데 평범한 비정규직 청년 노동자의 죽음은 어떻게 우리 사회를 뒤흔든 사건이 되었을까.

빛을 만드는 곳의 어둠

2018년 봄, 스물네 살 김용균은 취업 준비로 분주했다. 부모는 큰맘 먹고 면접용 새 양복을 사주었다. 왼쪽 가슴에 작은 행커치프까지 꽂힌 멋진 양복이다. 아버지가 아들에게 말한다. "한번 입어 봐." 차분하게 보이는 푸른색 넥타이를 반듯하게 매고 윤이 나는 구두까지 신으니 부모 눈에는 그야말로 어디 내놓아도 빠지지 않을 인물이다. "한 바퀴 돌아봐." 김용균은 사뭇 진지한 표정으로 부모를 향해 거수경례를 붙이더니 이내 애교 많은 모습으로 느린 스텝을 밟으며 엉덩이를 살짝살짝 흔든다. 조금은 쑥스러운지 장난스럽게 눈을 찡긋한다. 아들의 모습을 동영상에 담는 아버지, 부자父子의 다정한 한때를 지켜보는 어머니, 깜짝 재롱을 마친 아들. 가족 모두의 입가에 미소가 번진다.[3]

김용균은 새 양복을 입고 수도 없이 면접을 보러 다녔지만 그 또래들에게 그렇듯 취업문은 쉽게 열리지 않았다. 여름의 끝자락에서야 한국발전기술의 계약직 사원으로 채용이 확정되었다. 한국발전기술은 태안화력발전소를 운영하는 한국서부발전에서 컨베이어 벨트 점검 업무를 하도급 받은 회사다. 언젠가는 한국전력공사에서 일하고 싶다는 꿈을 가진 김용균은 한국발전기술이 경력을 쌓기에 좋은 회사라 생각하고 고향인 구미를 떠나 태안에서 자취를 시작했다.

2018년 9월 17일 첫 출근한 김용균은 이틀간 신규 채용자 기본 교육과 사흘간 현장 직무 교육을 받았다. 고작 닷새간의 교육을 마친 그에게 숙련 노동자들과 같은 업무가 배당되었다. 6.4킬로미터에 이르는 컨베이어 벨트 구간 중 2킬로미터 가량을 혼자 점검하면서 고장을 찾아내 보고하는 일이었다. 〈산업 안전보건기준에 관한 규칙〉에 따르면 작업장 통로 조명의 밝기는 75럭스 이상이어야 했다. 그러나 검은 석탄 분진이 날리는 그곳의 조명 밝기는 촛불 한 개 정도인 1럭스 수준에 불과했다. 게다가 초속 3미터의 속도로 돌아가는 컨베이어 벨트의 굉음은 바로 옆 사람의 말소리조차 제대로 들리지 않을 정도로 시끄러웠다. 그런 열악한 환경에서 기계의 이상 소음을 듣고 고장을 찾아내려면 온 신경을 곤두세워야 했다.

입사한 지 채 3개월이 되지 않은 같은 해 12월 10일, 김용균은 저녁 야간근무조로 오후 6시에 출근해 평소처럼 컨베이어 벨트를 꼼꼼히 점검했다. 그의 마지막이 작업장 CCTV에 고스란히 담겼다. 김용균은 컨베이어 벨트 덮개를 일일이 열어 덮개 안쪽에 휴대폰을 넣고 사진을 찍어 확인한다. 때로는 직접 머리를 들이밀어 살펴보기도 한다. 사진을 상사에게 전송하고, 낙탄을 부지런히 치운다.

10시 21분, 한국발전기술 운영팀 과장과 통화를 한다.

10시 36분, 컨베이어 벨트 통로를 걸어간다.

10시 41분, 운영팀 과장이 김용균에게 전화를 건다. 만나기로 한 장소에 그가 나타나지 않았기 때문이다. 김용균은 전화를 받지 않는다.

10시 55분, 다시 전화를 걸어보지만 이번에도 받지 않는다.

11시 30분, 동료들이 다급하게 수색을 시작한다. 김용균이 점검하는 컨베이어 벨트 구간을 몇 번이고 확인하지만, 그는 보이지 않는다.

칠흑 같은 어둠, 석탄의 분진, 거대한 소음으로 가득 찬 작업장은 무슨 일인가 당했을 게 분명한 신입사원을 찾는 데 큰 장애가 되었다. 수색을 시작한 지 네 시간 정도가 지난 다음 날 새벽 3시 23분, 한 동료가 밀폐함 내에서 몸과 머리가 분리된 김용균을 발견했다. 머리는 컨베이어 벨트와 접하는 롤러 위에, 몸통은 바닥에 떨어진 채였다. 부재중 전화가 남겨진 휴대폰의 희미한 불빛만이 그 깊은 어둠을 위태롭게 떠받치고 있었다.

나, 김용균

화력발전소 비정규직 노동자의 사망 소식은 그냥 묻혀도 전혀 이상하지 않을 뉴스였다. 죽음이 무의미한 통계처럼 일상화되자 사람이 일하다 죽는 게 이 사회의 자연스러운 모습이라고 여기게 되었는지도 모른다.[4] 그러나 두 가지 사건이 절묘하게 겹치면서 김용균의 죽음은 그저 '또 하나의 산재'에 그치지 않고 누군가의 '죽지 않고 일할 권리'를 빼앗아온 우리 사회를 폭로하는 '시대의 사건'이 되었다.

하나는 우연이었다. 동료들이 김용균의 시신을 발견한 바로 그날(2018. 12. 11), 서울 프레스센터에서는 비정규직 노동자 대표 100명이 대통령에게 대화를 촉구하는 기자회견이 열렸다. 이 자리에서 김용균의 생전 사진이 공개되었다. 석탄가루로 얼룩덜룩한 안전모를 쓰고, 방진 마스크를 낀, 까만 뿔테 안경 뒤로 진지한 두 눈동자를 가진 청년 노동자가 손팻말을 들고 찍은 사진이었다. 거기엔 이렇게 적혀 있었다.

나, 김용균은 화력발전소에서 석탄 설비를 운전하는 비정규직 노동자입니다.

전국 공공부문 비정규직 노동자 단체는 이 행사를 위해 한 달 전부터 노동자들에게 손팻말을 든 사진을 보내달라고 했다. 그렇게 모인 사진 수백 장 중 김용균의 것이 있었다. 공공부문 비정규직의 정규직화를 공약하고 당선된 대통령에게 만남을 요청하는 청년 노동자의 얼굴은 그날부터 계속해서 언론의 톱뉴스를 차지했다.

다른 하나는 운명 같은 필연이었다. 비정규직 청년 노동자의 죽음이라는 점에서 김용균 사건은 '구의역 김 군' 사건을 떠올리게 했다. 2016년 5월 28일 서울메트로의 하청 업체인 은성

PSD의 계약직 직원, 19살 김 군은 구의역 9-4 승강장 선로 쪽으로 들어가 승강장 안전문 장애물 검지 센서를 정비하다 진입하던 열차에 치여 숨졌다. 선로 수리 중에는 당연히 멈춰야 할 열차가 아무런 제동 없이 운행된 것이다. 승강장 안전문 수리 기사 사고도 잊을 만하면 일어나다 보니 지하철 노동자들의 죽음이 크게 관심받지 못했지만, 그땐 달랐다. 김 군의 작업 가방 안에 있던 컵라면 하나가 극심한 취업난으로 힘들어하던 청년들 사이에서 "너는 나다"라는 공감대를 불러일으킨 것이다.

청년들이 구의역 9-4 승강장에 추모의 포스트잇을 붙였다. "너의 잘못이 아니야." "열심히 일했을 뿐인데 왜 죽어야 합니까?" "인건비 아끼려다 사람을 죽였다." 청년들의 분노는 사회 전반으로 확대되어 이례적으로 '구의역 사망재해 시민대책위'까지 꾸려졌다. 정부는 재발 방지를 다짐하며 각종 대책을 내놓았고, 국회에서도 관련 법률 개정안을 잇따라 발의했다. 그러나 시간이 지나면서 여론은 식어갔고 국회의 논의도 아무런 진전 없이 멈춰버렸다. 구의역 김 군 사건 때 제대로 마무리 못한, 하청 노동자를 보호하지 못하는 법과 제도가 결국 또 다른 희생자를 만들었다는 반성이 나올 수밖에 없었다.

김 군이 일한 은성PSD는 서울메트로로부터 승강장 안전문 유지·보수 업무를 위탁받은 용역 회사다. 2인 1조가 원칙이지만 고장 신고가 많으면 그 원칙이 흔들렸다. 은성PSD는 서울메트로와 '1시간 이내 출동 완료'로 계약했고, 조금이라도 늦으면 지연배상금을 물도록 되어 있었다. 인력이 부족한 상황에서 원칙대로 하면 계약을 지킬 수 없어 하루 90건이 넘는 장애 수리 중 절반 이상을 혼자 작업해야 했다. 이는 결국 2013년 성수역, 2015년 강남역, 2016년 구의역에서 안전문을 수리하던 하청 노동자의 사망으로 이어졌다.

김용균이 입사한 한국발전기술은 한국서부발전으로부터 연료환경설비 운전 업무를 위탁받아 운영되는 하청 업체다. 역시 2인 1조가 원칙이었지만 회사는 인건비를 아끼기 위해 이를 지키지 않았다. 2010년부터 2018년까지 한국서부발전에서 일어난 산재 69건(건설 35건 포함) 중 원청 노동자가 피해를 입은 사례는 단 네 건으로 모두 부상에 머물렀지만, 김용균을 포함한 사망자 13명은 모두 하청 노동자였다. 한국서부발전은 법적으로 하청 노동자의 사망에 아무런 책임을 지지 않을 수 있었고, 심지어 재해 예방을 잘했다는 이유로 2013년부터 2017년까지 산재보험료 22억 4679만원을 감면받았다.

두 사람 모두 사회에 첫발을 내디딘 사회초년생이었고, 정규직을 꿈꾸던 비정규직 하청 노동자였다. 죽음이 어이없을 정도로 원시적인 것도 같았다. 사고가 나면 노동자의 부주의 탓을 하고 기껏해야 하청의 책임만으로 끝나는 것도 비슷했다. 원청이 나서서 안전시설이나 안전 교육에 투자하지 않았고, 하청은 원청과 계약을 유지하기 위해 원청에 안전 개선 요구를 하지 않았다. 결국 두 사건 모두 우연히 일어난 불의의 사고가 아니라, 가장 위험한 작업을 가장 약한 이들에게 떠넘기는 위험의 외주화를 압축한 구조적인 사고였다.

산업안전보건연구원이 2017년 4월 발표한 〈원·하청 산재 통합 통계 산출을 위한 조선·철강·자동차·화학 등 51개 원청사 대상 실태 조사 결과〉에 따르면, 2015년 기준 노동자 1만 명당 산재로 숨진 노동자는 사내 하청이 0.39명인데 반해, 원청은 0.05명으로 사내 하청 노동자의 사망률이 원청의 여덟 배였다.[5] 문진국 의원이 2016년 국정감사에서 공개한 〈최근 5년간(2011~2015) 주요 30개 기업 중대 재해 사상자 발생 결과〉에 따르면, 산재 사망 사고 최상위 30개 기업 관련 산재 사망자 중 하청 노동자의 비율이 2011년 88.4퍼센트에서 2015년에는 95퍼센트로 높아졌다. 20대 국회에서 이용득 의원실이 고용노동부로부터 제출받은 자료에 따르면 최근 6년간(2013~2018) 세 명 이상의 사망자가 발생한 사건 총 28건에서 원청 노동자는 16명(15퍼센트)인데 비해 하청 노동자는 93명(85퍼센트)에 달했다.[6]

그 이름을 잊지 말아야 할 이유

사고가 난 지 일주일째인 2018년 12월 17일, 민주노총 공공운수노조 등 90여 개 단체가 모여 '고 김용균 시민대책위"'를 구성했다. 이틀 뒤 국회 환경노동위원회에서는 구의역 김 군 사건 이후 우후죽순 제안된 산업안전보건법 개정안 20여 개가 한꺼번에 상정되었다. 그중에는 정부가 1990년 이후 30여 년 만에 제출한 전부개정안도 있었다. 법의 보호 대상을 확대하고, 노동자에게 도금 작업 같은 유해하거나 위험한 작업의 도급을 금지하고, 도급인의 산업재해 예방 책임을 강화하는 등 기존의 산업안전보건법을 대폭 손질하는 내용이었다.

정부가 산업재해 사망 사고를 절반으로 줄이겠다는 야심 찬 목표로 2018년 2월에 입법예고하고 그해 11월 국회에 제출했지만, 노사 입장 차이가 워낙 커 제출자인 정부조차 통과가 어렵다고 본 법안이었다.[7] 그런데 김용균의 죽음으로 갑작스럽게 입법에 불이 붙은 것이다. 여야의 입장 차이는 노동계와 재계만큼이나 간극이 컸지만, 이 사건을 단순히 아들의 억울한 죽음으로 끝낼 수 없던 유가족의 호소와 구의역 김 군 사건 때의 잘못을 되풀이해서는 안 된다는 여론에 힘입어 김용균법이라 불리는 산업안전보건법 전부개정안이 12월 27일 국회를 통과했다.

하지만 김용균의 장례는 바로 치러지지 못했다. 시민대책위가 정부와 여당과 벌인 일괄 협상이 연료환경설비 분야 공공기관의 정규직 전환 문제까지 포함해 그 범위가 광범위했기 때문

* 태안화력 청년노동자 비정규직 고 김용균 사망사고 진상규명 및 책임자처벌 시민대책위원회.

이다. 다시 긴 시간을 협상한 끝에 2019년 2월 5일 설날 저녁 협상이 극적으로 타결되었고, 스물네 살 청년은 사망 62일 만에야 영면에 들어갈 수 있었다.

관련 기사에 달린 한 댓글처럼 나라를 구한 위인도 아닌 한 청년 노동자를 우리는 왜 그토록 오래 추모했는가. 그건 "나와 내 자식이 그 자리에서 죽지 않은 행운에 감사할 뿐"[8] 하청 노동자의 위험한 작업 환경을 우리가 오랫동안 외면해왔기 때문이다. 법은 김용균이 죽고 나서야 "노동자들의 간과 뇌가 쏟아져서 땅 위로 흩어지고 가족들이 통곡하고, 다음날 또다시 픽, 픽, 픽 소리 나는 그 자리로 밥벌이하러 나가"[9]는 사회를 바로잡으려 나섰다.

김용균은 '구미에서 나고 자라 발전소 하청업체에 취업했다가 석 달 만에 기계에 끼여 죽은, 누구네 외아들 스물네 살 청년'의 이름이기도 하지만, 일하다 죽는 매년 2000명 이상의 노동자들, 산재보험의 사각지대에 있어 혹은 사고가 은폐되어 그 숫자에조차 포함되지 못한 노동자 모두의 이름이기도 하다. 그것이 그의 이름을 기억해야 할 이유다. 매년 2000여 명의 '김용균'들이 있음을 잊지 않기 위해서.

전태일, 문송면,
그리고 김용균

김용균이 잠든 모란공원에는 '시대의 이름'이 된 노동자들이 함께 묻혀 있다. 자신을 불태우며 노동자도 인간이라고 외친 스물두 살 청년 전태일(1948~1970), 온도계 공장에서 일하다 수은 중독으로 사망한 '열다섯 살 소년' 문송면(1971~1988).[*] 산업 현장의 안전을 규제하는 산업안전보건법은 이들의 죽음에 빚지고 있다. 노동자의 안전과 보건에 관한 기준은 1982년 전까지 근로기준법에 단 아홉 개의 조문으로만 규정되어 있었다.[**] 전태일이 "근로기준법을 준수하라"고 외치며 몸을 불살랐을 때,

---

- 문송면은 실제로는 1971년생이나 호적에 1973년생으로 되어 있어 흔히 '열다섯 살 소년'으로 불린다.
- •• 1953년에 제정된 근로기준법은 제6장(안전과 보건에 관한 장) 제64조부터 제73조까지 위험 방지, 안전장치, 유해물 제조 금지, 안전 보건 관리자, 건강 진단 등을 규정하고 있었다.

현실에서 지켜지지 않은 건 노동 시간과 노동 조건뿐 아니라 열악한 노동 환경도 포함되었다.[10]

산업안전보건법이 독립해 제정된 건 1981년 말이다(1982. 7. 1. 시행). 1970년대 이후 중화학공업을 중심으로 산업이 발전하면서 이미 산업재해가 광범위하게 일어났는데, 산업안전보건법이 1982년에서야 독립한 법으로 시행되었다는 것은 노동자의 안전에 관한 우리 사회의 고민이 얼마나 늦었는지를 보여준다.

산업안전보건법은 1990년과 2018년, 두 번에 걸쳐 전부개정되었다. 첫 번째는 1988년 문송면의 죽음과 원진레이온 사태가 가져온 '직업병' 충격이 계기였다. 문송면은 어려운 가정 형편에 중학교를 마치지 못하고 혼자 상경해 영등포의 한 온도계 공장에서 일했다. 온도계에 수은을 주입하고 압력계를 시너로 닦는 일을 한 지 채 두 달이 못 되어 손발이 마비되는 수은중독 증상이 나타났고, 투병 넉 달 만에 사망했다.

문송면의 장례가 산업재해노동자장으로 치러지는 과정에서 원진레이온 사태도 세상에 알려졌다. 원진레이온이 일본에서 들여온 중고 방사 기계에서 신경 독성 물질인 이황화탄소가 배출되었는데 회사가 이런 사실을 숨긴 채 아무런 대책 없이 공장을 운영해 노동자들이 유해 화학물질에 무방비로 노출된 사건이다.* 이 두 사건을 계기로 한국공해문제연구소를 비롯한 환경 단체와 보건 의료 전문가 들이 적극적으로 나섰고, 국회에서도 진상 조사를 시작했다. 국회 노동위원회에서는 이해찬,

노무현, 이상수 등 이른바 '노동위 삼총사'가 중심이 되어 유해화학물질 규제를 핵심으로 하는 개정을 했는데,[11] 이것이 첫 번째 전부개정이다.

1990년의 전부개정이 직업병 방지 규제라면, 2018년의 두 번째 전부개정은 위험의 외주화 방지 규제다. IMF 이후 신자유주의의 영향으로 노동시장이 급속도로 개편되며 비정규직이 양산되었고, 기업은 원가절감을 위해 위험한 작업을 하청에 떠넘겼다. "우리 회사 노동자가 아니니까"라는 원청과 "내 시설이 아니니까"라는 하청 사이에서 안전은 실종되었다. 공기업도 경영 효율화의 명목으로 민영화되면서 마찬가지였다.

책임을 법에 새기기까지 걸린 시간

위험의 외주화에 제동을 거는 법안이 처음 발의된 건 19대 국회에서다. 2013년 5월 한정애 의원이 유해·위험 업종의 도급을 원칙적으로 금지하고, 도급 사업주의 산업재해 예방 조치

• 이황화탄소에 중독된 노동자들은 전신 마비 등의 증상을 보였지만 산재 판정을 받지 못하고 회사로부터 아주 적은 금액만을 받고 강제 퇴직당하거나, 직업병 판정을 위해 투쟁하다 고통 속에서 스스로 생을 마감하기도 했다. '문송면·원진 노동자 산재 사망 30주기 추모조직위원회'에 의하면 2018년 기준 원진레이온 노동자들 중 직업병을 판정받은 이는 915명으로, 이 중 230명이 사망했고, 일부는 지금까지도 후유증을 겪고 있다.

를 강화하는 한편 산재 사고에 대한 도급 사업주의 처벌 수준을 높이는 내용의 산업안전보건법 개정안을, 6월에는 심상정 의원이 원청 사업주에게 자신의 사업장에서 일하는 노동자들의 산업재해를 예방하기 위한 안전·보건 조치 의무를 지우는 내용의 개정안을 발의했다. 이 법안들은 국회 환경노동위원회에 상정되어 형식적으로는 대체토론 절차까지 거쳤지만, 실질적인 토론의 자리에는 오르지 못한 채 임기 만료로 폐기되었다.

구의역 김 군 사건이 일어난 2016년 5월 28일은 19대 국회가 막을 내렸을 때였다.* 20대 국회가 문을 열자마자 한정애, 심상정 의원이 19대 국회에서 폐기된 법안들을 보완해 다시 발의했다. 이 법안들은 그해 11월 환경노동위원회에 상정되어 고용노동소위로 넘겨졌으나 더 나아가지 못했다.

한편 2017년 5월 출범한 문재인 정부는 사고성 산재 사망자 수를 절반으로 줄인다는 공약을 실천하기 위해 같은 해 8월 〈중대 산업재해 예방 대책〉을, 2018년 1월에는 〈산업재해 사망사고 감소 대책〉을 발표했다. 이후 정부는 산업안전보건법 전부개정안 마련 작업에 들어갔다. 최초 정부안은 한 달 뒤인 2월에 입법예고되었다. 주요 내용이 여덟 개 분야 32개 조항에 달하고, 신설·강화되는 조항이 무려 60여 개가 넘는데, 위험의

---

* 국회의원 임기는 선거를 치른 해 5월 30일에 시작되고 4년 후 5월 29일에 끝난다. 19대 국회는 마지막 본회의가 2018년 5월 12일에 열려 5월 28일에는 실질적으로 국회가 끝난 상태였다.

외주화와 관련된 것으로는 '도금 작업 등 유해·위험한 작업의 도급 금지', '도급인의 산업재해 예방 책임 강화' 등이 대표적이다.

정부가 제출하는 법안은 의원이 발의하는 것과 달리 공식적인 의견 수렴 과정과 법제처 심사 등 여러 단계를 거친다.[*] 특히 전부개정안은 총리실의 규제심사[**]까지 받아야 하는데, 이익이 대립하는 당사자들 중 일부라도 강하게 반대하면 규제심사 통과가 매우 어렵다. 정부안은 열여덟 번에 걸친 의견 수렴 과정 끝에 최초 입법예고안에서 상당히 절충된 안으로 수정되어 2018년 11월 1일 국회에 제출되었다.

김용균 사망 후 고 김용균 시민대책위가 발족하고 법 개정 요구가 봇물처럼 터지면서 정부의 전부개정안을 비롯해, 2016년 11월 이후로 논의가 멈춰진 일부개정안 등 58개의 산업안전보건법 개정안이 2018년 12월 19일 환경노동위원회에 한꺼번에 상정되었다. 이날부터 국회 안팎은 그야말로 숨 가쁘게 돌아갔다. 전부개정안은 조문을 하나하나씩 검토하는 축조 심사를 해야 하는데, 신설·강화되는 조항이 상당히 많은 데다 12월 임시 국회 내에 통과시키려면 시간도 촉박해 심사 기간

---

[*] 부록의 '입법 과정' 참조.
[**] 법령안 주관기관의 장이 규제를 신설 또는 강화하는 내용의 법령을 제정하거나 개정하려는 경우 법제처에 법령안 심사를 요청하기 전에 규제 영향 분석서, 자체 심사 의견 등을 첨부해 규제개혁위원회에서 받는 심사를 말한다.

내내 여야는 여러 번의 고비를 넘겨야 했다. 의견 대립이 가장 심한 조항 중 하나가 정부안 제63조였다.

> **제63조(도급인의 안전 및 보건조치)** 도급인은 관계수급인 근로자가 도급인의 사업장에서 작업을 하는 경우에 자신의 근로자와 관계수급인 근로자의 산업재해를 예방하기 위하여 안전 및 보건 시설의 설치 등 필요한 안전조치 및 보건조치를 하여야 한다. 다만, 보호구 착용의 지시 등 관계수급인 근로자의 작업행동에 관한 직접적인 조치는 제외한다.

이를 위반하면 처벌하는 규정이 있다. 그 의미는 도급인, 즉 원청이 안전 및 보건조치를 해야 하고, 도급인이 이를 충분히 하지 않아 산재가 발생하면 책임을 져야 한다는 것이다. 원청이 책임지는 범위가 매우 제한되던 기존 법과 달리 개정안에서는 그 책임 범위를 '필요한 안전조치 및 보건조치'로 대폭 확대했다. 위험의 외주화를 금지하지는 않지만 책임까지 떠넘기지는 못하도록, 외주화의 비용이 지금보다 훨씬 비싸지게 한 것이다.

30여 년 만에 전부개정되다

한국경영자총연합회가 반발했고, 야당 의원들도 이에 가세했다. 전문가들의 의견도 갈렸다. 도급인이 운영하는 사업장의 안전만 책임지게 한 개정안은 충분히 합리적이고, 하청 노동자의 부상이나 사망 사고를 도급인이 예방하게 유도할 수 있다는 의견이 있는 반면, '필요한 안전조치 및 보건조치'의 범위가 너무 포괄적이어서 도급인이 해야 할 행동 기준을 전혀 제시하지 못한다는 지적도 나왔다.[12]

여야는 원점회귀를 반복했다. 여야 지도부는 12월 국회에서 법 개정을 처리하기로 합의했지만 법안 심사 과정에서 의견 대립이 심해지다 결국 12월 26일, 야당이 의원총회를 열어 합의를 지키지 않기로 의결해버렸다. 8부 능선을 겨우 넘은 듯한 법 개정 연내 처리는 무산될 가능성이 커 보였다.

출구는 예상치 못한 곳에서 열렸다. 다음 날인 27일, 야당의 나경원 원내 대표가 청와대 특별감찰반 사안과 관련해 당시 조국 민정수석이 국회 운영위원회에 출석하면 개정안을 통과시키겠다고 제안한 것이다. 청와대가 이를 받아들이면서 여야는 다시 합의했다.[13] 논란이 된 제63조는 그대로이지만 위반 시 형사처벌 수위를 원래 정부안보다 낮추고, 중대재해 발생 시 노동부 장관의 작업중지권을 원안보다 제한했으며, 노동자의 작업중지권과 도급 승인 대상 등도 완화했다. 법안은 같은 날 환경노동위원회 고용노동소위와 전체회의, 법제사법위원회(이하 '법사위')의 체계·자구 심사를 한달음에 달려 국회 본회의를 통과했다(재석 185인 중 찬성 165인, 반대 1인, 기권 19인).

김용균의 죽음이 없었다면 30여 년 만에 전부개정하는 법안을 단 8일(휴일을 빼면 4일) 만에 처리하는 일은 결코 일어나지 않았을 것이다. 구의역 김 군 사건 때 위험의 외주화를 막는 법안들이 줄줄이 올라왔지만 동력을 만들어내지 못한 게 교훈이 되어 국회를 계속 압박한 것이 결실로 나타났다. 미완의 구의역 김 군법이 30여 년 만의 전부개정 김용균법을 만들어낸 것이다.[14]

그러나 그 후 산업안전보건법 시행령이 입법예고되자 '김용균 없는 김용균법'이라는 비판이 터져 나왔다. 위험의 외주화를 막는다는 법의 취지가 퇴색되었다는 것이다. 대표적인 예가 도급 금지에 관한 규정이다. 개정 산업안전보건법은 유해하거나 위험한 작업인 도금 작업 등에 대한 도급을 원칙적으로 금지하고, '안전 및 보건에 유해하거나 위험한 작업 중 급성 독성, 피부 부식성 등의 물질의 취급 등'의 작업에 대해 도급을 줘야 한다면 고용노동부 장관의 승인을 얻도록 규정하고 있는데(제58조, 제59조), 시행령에서 그 범위를 매우 좁게 잡았다는 것이다.

법령에 따르면 김용균이 한 발전소 운전·점검 업무는 도급 금지 대상도, 승인 대상도 아니다. 또 조선소와 철도, 건설 현장 등 산재 사망 사고가 많이 나는 작업장에서 벌어지는 일들 중 상당 부분도 마찬가지다. '김용균 없는 김용균법'에 대한 실망은 중대재해기업처벌법 제정운동*으로 이어졌다. 그 이야기를 하려면 김용균의 어머니 김미숙 씨를 꼭 만나야 했다.

- 2022년 1월 27일 시행 예정인 중대재해처벌법은 '중대산업재해'와 '중대시민재해'를 포괄하여 '중대재해'로 일컫고, 법명에 '기업'이라는 용어가 없다. 반면 노동계가 중심이 된 법 제정운동은 세월호나 가습기 참사 같은 중대시민재해가 발생하기 전부터 있어서 중대재해'기업'처벌법 제정운동으로 불렸다. 이 책에서는 제정된 법명과 법 제정운동을 구분해 썼다.

"어떻게 모른 척 살 수가 있겠어요"

김미숙, 김용균재단 이사장

"용균이 엄마입니다." 김미숙 이사장은 자신을 그렇게 소개했다. 원래도 용균이 엄마였지만, 아들이 죽고 난 후 그 정체성은 더 강해졌다. 하루 24시간을 오롯이 용균이 엄마로 산다.

사건 이후 보름이 지난 2018년 12월 25일, 김미숙 씨는 국회에 처음 와봤다. '높으신 분들이 어련히 알아서 국민을 위해 일하는 곳'에 오리라고는 상상도 못했다. 아들의 사고 이후 처음 듣는 말, 처음 가보는 곳이 많았는데, 산업안전보건법도, 국회라는 장소도 그 중 일부였다. 휴일이었지만 국회 안팎에선 노동계와 재계의 장외전이 한창이었다. 원청의 책임을 구체화하는 방향으로 법을 개정하려는데 재계가 반대해서 여야가 대치하고 있다고 들었다. 많이 배우지 못했어도, 법을 자세히는 몰라도, 원청의 책임을 높이는 게 옳다는 것만은 명확했다. 아들의 죽음에 원청의 책임이 없다는 건 도무지 이해하기 어려웠다. 그래서 아들의 이름으로 논의되는 법안이 고마웠다.

사흘간 국회를 지켜보았다. 12월 임시 국회 내에 아들의 이름으로 불리는 산업안전보건법 전부개정안을 통과시키기로 여야 지도부가 합의했지만, 법안 심사 과정에서 여야 입장 차이가 너무 심해 합의가 깨질 가능성이 크다고 했다. 김미숙 씨는 한 방송 기자에게 마이크를 빌려 국회 회의실 안이 다 들리도록 외쳤다. "노동자들이 이렇게 많이 죽는데 언제까지 이걸 두고만 보실 겁니까." 평소 남 앞에 나설 일이 없던, 혹 그럴 일이 있어도 나서지 않던 김미숙 씨는 아들을 잃고 완전히 달라졌다.

결국 12월 27일 우여곡절 끝에 아들의 이름을 딴 법이 국회를 통과했다. 언론은 여야가 팽팽하게 대립하는 데도 법이 극적으로 통과된 건 용균이 엄마 덕이라고 했다. 김미숙 씨는 아들의 동료들을 껴안고 감격의 눈물을 흘렸다. 아들의 죽음이 헛되지 않도록, 더 이상 이런 일이 반복되지 않도록 법이 지켜줄 거라고 믿었다.

2년 뒤인 2020년 12월, 김미숙 씨가 다시 국회에 왔다. 이번엔 중대재해기업처벌법 제정을 촉구하기 위해서였다. 2년 전엔 아무것도 모르고 왔지만, 그 사이 보고 듣고 공부한 게 쌓여서 이 법이 필요하다는 걸 누구에게라도 찬찬히 설명할 수 있었다.

"용균이법(산업안전보건법)이 통과될 때 그 법이 있으면 용균이 같은 사고가 더 이상 안 날 거라고 생각하고 기뻐했죠. 그런데 나중에 노동자들 이야기 들어보니 그렇지 않더라고요. 하도급 금지에 발전소 부분은 들어가지도 않고요. 용균이 이름을 기만하는 법이잖아요. 그대로 있으면 안 되겠다고 생각했어요."

김미숙 씨에게 중대재해기업처벌법 제정은 용균이 엄마로 살아가기 위해 반드시 해야 할 일이었다. 2006년부터 중대재해기업처벌법 제정운동을 펼쳐온 노동계는 2020년 5월, 248개 단체를 모아 '중대재해기업처벌법 제정운동본부'를 결성해 총력을 기울였다. 김미숙 씨는 이 연합단체의 공동대표를 기꺼이 맡고, 같은 해 8월 22일 국회 국민동의청원에 '안전한 일터와 사회를 위한 중대재해기업처벌법 제정에 관한 청원'을 올렸다.

국민 10만 명 이상이 동의하고 비슷한 법안이 네 건이나 발의되었지만 국회는 법안 심사에 들어가지 않았다. 법안 제정이 이렇게 무산되게 놔둘 수 없었다. 운동본부에서 단식 농성 이야기가 나오자마자 김미숙 씨가 자원했다. 정의당 강은미 의원, 이한빛 피디* 아버지 이용관 씨와 함께 국회 앞에서 천막을 치고 단식 농성에 들어갔다. 그해 겨울은 유난히 추웠다. 아들

* 이한빛은 CJ E&M 엔터테인먼트 채널 tvN에서 드라마 조연출로 일하다 입사 아홉 달 만인 2016년 10월 스물일곱의 나이에 스스로 목숨을 끊었다. 그의 죽음은 하루 20시간이 넘는 초장시간 노동 등 열악한 노동환경, 비정규직에 대한 비인격적 처우 등 드라마 제작 현장의 '불편한 진실'을 알리는 계기가 되었다.

이 죽고 난 후 식욕을 별로 느끼지 않아 배고파서 힘든 건 없었지만, 한파는 견디기 어려웠다. 긴 패딩을 입고 근근이 버텼지만 손가락 하나라도 밖으로 나오면 살점이 떨어져나가는 듯 고통스러웠다. 2020년 12월 11일 시작한 단식은 법안이 통과된 이듬해 1월 8일까지 29일간 계속되었다. 마침내 법안은 통과되었지만, 운동본부에서 지지한 안보다 훨씬 더 후퇴해 의미가 많이 퇴색되었다.• 마냥 기뻐만 한 2년 전과 달리 이번엔 통한의 눈물을 삼켰다.

"법은 통과시키되 최고로 약하게 통과시킨 거예요. 당리당략으로요. 이 법의 취지를 생각하면 말이 안 되죠. 참담한 마음으로 농성 끝내고……. 그래도 법이 제정되었으니 조금은 달라질 수 있겠죠. 특히 국민들이 좀 깨어나지 않았나. 그게 제일 큰 성과라고 생각해요."

노동계의 숙원인 중대재해처벌법을 15년 만에 통과시키는 주역이 된 김미숙 씨는 사실 그 15년 중 13년을 노동자로 살면

• 재석 266명 중 찬성 164명, 반대 44명, 기권 58명으로 통과되었다. 본회의에 오르는 법안은 통상적으로 여야 합의를 거쳐 반대나 기권이 별로 없는 것과 비교하면 이 법안의 반대와 기권 수는 상당히 높은 편이다. 반대표는 대부분 국민의당과 국민의힘에서, 기권표는 정의당 의원 전원과 더불어민주당에서 나왔다. 국회를 통과한 법안은 산업재해 발생의 70퍼센트 이상을 차지하는 5인 미만 사업장을 법 적용 대상에서 제외하였으며, 50인 미만 사업장에 대해 적용을 3년간 유예해 노동계의 반발을 불러일으켰다.

서도 현실은 잘 몰랐다. 고등학교 졸업 후 구미의 섬유 공장에 취직해 그곳에서 일하던 노동자와 결혼했다. 임신하고 출산할 때만 빼고 계속 일했다. 아들은 일찍 철이 들어 스스로 공부하고, 자격증을 알아서 따고, 기특하게 취업도 했다. 가족이 모두 성실하고 큰 욕심 없이 살면서, 이 나라가 살 만하다고 생각했다.

아들의 사건 이후 그동안 알던 세상이 거짓말처럼 한꺼번에 무너졌다. 그렇게 많은 노동자가, 더 정확하게는 하청 노동자들이 일터에서 죽는다는 걸 알고 나니 이 나라는 '살 만한 나라'가 아니라 정말 '이상한 나라'였다.

"처음엔 아들이 잘못하지 않았다는 거, 그것만 밝히고 싶었어요. 병원 영안실에서 만난 회사 간부가 처음에 그러더라고요. 용균이가 일도 잘하고 성실한데 고집이 있어 가지 말아야 할 곳을 가고, 하지 말아야 할 일을 해서 사고가 났다고요. 용균이 잘못으로 사고가 났다는 거잖아요. 우리 아들은 그렇지 않을 거라고 저는 믿었어요. 그래서 진상 규명, 책임자 처벌을 요구한 거고요. 혼자 싸우기 힘드니까 공공운수노조와 함께한 거고요. 노조라는 걸 모르고 살았으니 처음부터 믿진 않았어요. 같이 하다 보니 믿음이 가더라고요."

엄마는 본능적으로 아들을 믿었다. 아들이 잘못하지 않았음을 밝히기 위해 아들의 시신을 냉동고에 넣어두고 꼬박 두 달을 견뎌냈다. 2019년 4월부터 8월까지 진행된 특조위* 조사 결과는 엄마의 믿음이 옳았다는 걸 증명했다. 소음·분진 지역은 2인 1조로 작업해야 하는데 인건비를 아끼기 위해 혼자 작업하도록 했고, 하청 노동자들이 28번이나 시설 설비 개선을 건의했지만 원청과 하청 사이에서 무시되었다.[15]

> "장례만 끝나면 남편 본가가 있는 시골에 내려가 살려고 했어요. 남편 건강도 안 좋고 하니까. 그런데 노동자는 계속 죽는데 앞으로 가만히 있을 수 없겠더라고요. 용균이 같은 사고가 계속 나는데 어떻게 모른 척 살 수가 있겠어요."

잠이 오지 않아 밤마다 휴대폰 메모장에 엄지, 검지로 글을 썼다. 원망과 회한과 아들을 향한 그리움을. 어디든 가서 말하고 글 쓰고 또 말했다. 노동자가 죽지 않고 일할 수 있는 사회를 위해. 그런 모습을 본 사람들이 자신을 이소선 여사 같다고 했다. 김미숙 씨는 이소선 여사가 누군지 몰랐다. 선물 받은 《전태일 평전》을 읽고서야 분신자살한 사람으로만 알던 전태일의 어머니 이소선 여사를 자세히 알게 되었다. 삼성반도체에서 일하다 백혈병에 걸려 스물여덟 살에 사망한 황유미 씨의 아버지 황

---

* 고 김용균 사망사고 진상규명 및 재발방지를 위한 석탄화력발전소 특별노동안전조사위원회.

상기 씨도 만났다. 직업병을 부정하는 삼성에 맞서 10년간 투쟁한 끝에 딸의 산재를 인정받은 아버지의 이야기에 큰 감동을 받았다. 세상 물정을 알면 알수록 용균이 엄마로서 해야 할 일이 무엇인지 점점 분명해졌다. 아들의 죽음을 조사한 특조위의 종합 보고서가 나오면서 시민대책위원회도 해산을 위한 마지막 회의를 했다. 그때 김미숙 씨가 말했다.

"저는 우리 용균이 같은 사고가 다시는 일어나지 않도록 계속 하고 싶어요. 용균이 재단을 만들고 싶어요. 사람 기리자는 거 아니에요. 진상 규명은 했지만, 책임자 처벌은 아직 발도 못 뗐잖아요. 합의 사항 이행도 안 되고 있고요. 저는 모르는 거 투성이니좀 도와주세요."

재단 이사장이 된 김미숙 씨는 하루 24시간이 모자란다. 의료진은 단식을 끝내고 한 달간은 보식하며 쉬어야 한다고 했지만, 김미숙 씨는 인터뷰, 투쟁 현장 방문, 다른 산재 가족과의만남 등 빡빡한 일정을 다시 시작했다. 중대재해처벌법 개정을위해서도 할 일이 많고, 김용균 사건 책임자의 형사재판도 챙긴다. 아들이 죽고 2년이 넘게 지나서야 형사재판이 시작되었다. 이들이 적용받는 법은 아들의 이름을 딴 산업안전보건법이개정되기 전의 것으로, 원청에 책임을 묻기 어려울 뿐만 아니라, 책임이 인정되어도 가장 무거운 벌이 벌금 1천만원에 불과

하지만, 김미숙 씨는 끝까지 책임자 처벌을 호소할 것이다. 경영자가 책임을 지지 않는다면 이런 사고가 계속 반복될 것이기 때문에.

인터뷰를 시작할 때 아들의 이름을 딴 법에 대해 책을 쓴다고 하니 김미숙 씨가 물었다. "학생들이 그 책을 읽나요?" 질문의 속뜻을 생각하며 잠시 머뭇거리는데, 김미숙 씨는 "학생들이 많이 알았으면 좋겠다"고 했다.

> "우리 사회는 각자도생하니까 잘사는 사람만 잘살고, 가난이 대물림되고, 너무 사는 게 팍팍하고, 기댈 데가 없고……. 학생들이 너무 공부만 열심히 하도록 만들어놨잖아요. 정규직 많이 뽑는 거 아니잖아요. 나머지는 비정규직될 수밖에 없잖아요. 이런 무한 경쟁을 하지 않도록 학생들이 깨어 있으면 좋겠어요. 안전한 사회, 사람 중심의 사회, 우리 학생들이 졸업하고 그런 사회에서 살 수 있도록."

인터뷰는 예정된 두 시간을 훌쩍 지나 네 시간을 넘겼다. 긴 인터뷰를 마치고 돌아가는 '용균이 엄마'의 뒷모습에 그의 심장 안에서 여전히 살아 있는 김용균이 겹쳤다. 전태일이 자신을 낳아준 어머니 속으로 되돌아가 그 안에 살아 있듯 말이다.[16]

김용균이 법이 되기까지

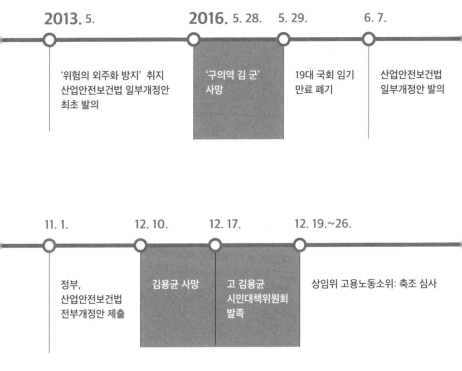

2013. 5.

'위험의 외주화 방지' 취지
산업안전보건법 일부개정안
최초 발의

2016. 5. 28.

'구의역 김 군'
사망

5. 29.

19대 국회 임기
만료 폐기

6. 7.

산업안전보건법
일부개정안 발의

11. 1.

정부,
산업안전보건법
전부개정안 제출

12. 10.

김용균 사망

12. 17.

고 김용균
시민대책위원회
발족

12. 19.~26.

상임위 고용노동소위: 축조 심사

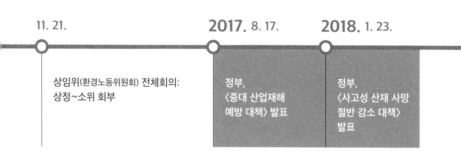

11. 21.

상임위(환경노동위원회) 전체회의:
상정~소위 회부

2017. 8. 17.

정부,
〈중대 산업재해
예방 대책〉 발표

2018. 1. 23.

정부,
〈사고성 산재 사망
절반 감소 대책〉
발표

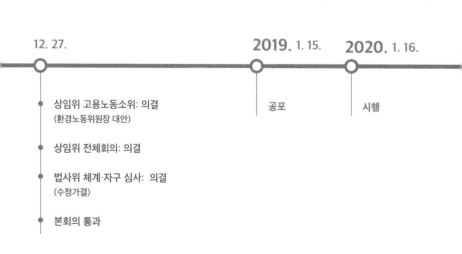

12. 27.

상임위 고용노동소위: 의결
(환경노동위원장 대안)

상임위 전체회의: 의결

법사위 체계·자구 심사: 의결
(수정가결)

본회의 통과

2019. 1. 15.

공포

2020. 1. 16.

시행

산업안전보건법
(법률 제16272호, 2019. 1. 15, 전부개정)*

개정 이유

산업재해로 인한 사고사망자 수가 연간 천 여명에 이르고 있고, 이는 주요 선진국보다 2배 이상 높은 수준으로서 산업재해로 인한 피해는 당사자뿐만 아니라 국가적으로도 큰 손실을 초래함.

이에 산업재해를 획기적으로 줄이고 안전하고 건강하게 일할 수 있는 여건을 조성하기 위하여 이 법의 보호 대상을 다양한 고용 형태의 노무 제공자가 포함될 수 있도록 넓히고, 근로자가 작업을 중지하고 긴급 대피할 수 있음을 명확히 규정하여 근로자의 작업중지권 행사를 실효적으로 뒷받침하고자 함.

또한 근로자의 산업 안전 및 보건 증진을 위하여 도금 작업 등 유해·위험성이 매우 높은 작업에 대해서는 원칙적으로 도급을 금지하고, 도급인의 관계수급인 근로자에 대한 산업재해 예방 책임을 강화하며, 근로자의 안전 및 건강에 유해하거나 위험한 화학물질을 국가가 직접 관리할 수 있도록 하고, 그밖에 법의 장·절을 새롭게 구분하며 법 조문을 체계적으로 재배열하여 국민이 법 문장을 이해하기 쉽도록 하기 위하여 「산업안전보건법」을 전부개정하려는 것임.

* 김용균 사건이 직접적 계기가 되어 전부개정된 산업안전보건법은 그 내용이 방대하여 개정 이유, 주요 내용 중 위험의 외주화 관련 일부 내용만 게재했다.

주요 내용 중 일부

가. 법의 보호대상을 확대(제1조, 제77조부터 제79조까지 등)

1) 최근 변화된 노동력 사용실태에 맞게 법의 보호대상을 넓히려는 입법취지를 명확히 하기 위하여 이 법의 목적을 노무를 제공하는 자의 안전 및 보건을 유지 · 증진하는 것으로 확대함.

다. 도금작업 등 유해·위험한 작업의 도급금지(제58조)

유해성·위험성이 매우 높은 작업의 사내도급 등 외주화로 인하여 대부분의 산업재해가 수급인의 근로자에게 발생되고 있는 문제점을 개선하기 위하여, 지금까지 사업주 자신의 사업장에서 도금작업 등 유해·위험성이 매우 높은 작업을 고용노동부 장관의 인가를 받으면 도급할 수 있던 것을, 앞으로는 사업주 자신의 사업장에서 그 작업에 대한 도급을 원칙적으로 금지하되, 일시·간헐적으로 작업을 하는 등의 경우에만 도급할 수 있도록 함.

라. 도급인의 산업재해 예방 책임 강화(제63조 및 제65조제4항)

1) 관계수급인 근로자에 대하여 도급인이 안전조치 및 보건조치를 하여야 하는 장소를 도급인의 사업장뿐만 아니라 도급인이 제공하거나 지정한 장소로 확대하여 도급인의 관계수급인에 대한 산업재해 예방 책임을 강화함.

바. 법 위반에 대한 제재 강화(제167조)

안전조치 또는 보건조치 의무를 위반하여 근로자를 사망하게 한 자에 대하여 7년 이하의 징역 또는 1억원 이하의 벌금에 처하도록 하던 것을, 앞으로는 제1항의 죄로 형을 선고받고 그 형이 확정된 후 5년 이내에 다시 같은 죄를 범한 자는 그 형의 2분의 1까지 가중처벌을 할 수 있도록 함.

영원의
시간 속에
살다

태완이법

현재의 시간과 과거의 시간은
아마 모두 미래의 시간에 존재할 것이고
미래의 시간은 과거의 시간에 포함되리라.
모든 시간이 영원히 현재라면
모든 시간을 되찾을 수 없으리라.

- T. S. 엘리엇, 《네 개의 사중주 Four Quartets》

태완이

1994. 7. 13. ~ 1999. 7. 8.

대구에서 김동규·박정숙 부부의 2남 중 둘째로 태어났다. 만화영화를 좋아하는 아이였다. 1999년 5월 20일 오전 11시 집 근처 골목에서 범인이 뿌린 황산에 얼굴을 포함해 전신 3도 화상을 입었다. 병원에서 고통스러운 치료를 받으며 49일을 견뎌내고 같은 해 7월 8일 하늘나라로 떠났다.

태완이법

사람을 살해한 범죄로 사형에 해당하는 범죄에 대해 공소시효를 적용하지 않는 형사소송법 규정을 일컫는다. 법정최고형이 무기징역에 해당하는 일부 성범죄에 대해 공소시효 적용을 배제하는 법이 2011년 시행되면서, 사형에 해당하는 살인죄에 대해 공소시효가 남아 있는 것은 법체계에 맞지 않다는 비판에 따라 2012년부터 살인죄에 대해 공소시효 적용을 배제하는 내용의 법안들이 잇따라 발의되었다.

이 법안들은 2014년 7월 태완이 사건 공소시효 만료를 목전에 두고 언론이 15년 전 사건을 다시 앞다퉈 보도하며 국회에서 논의되기 시작했고, 이 때부터 태완이법으로 불렸다. 태완이 사건 공소시효가 만료된 후인 2015년 7월 24일 국회를 통과해 같은 달 31일 시행되었다. 이 법의 시행일을 기준으로 아직 공소시효가 만료되지 않은 범죄에 대해서도 소급 적용이 되도록 해 2000년 8월 1일 이후의 살인죄에 대해 공소시효가 없어지게 되었다.

법의 한계,
공소시효를 넘다

1999년 5월 20일 오전 11시 무렵, 여섯 살 태완이는 학원을 가기 위해 집을 나섰다. 봄 햇살은 따스했고 늘 다니던 골목길은 여느 때처럼 평화로웠다. 신나게 뛰어가는 태완이 곁으로 누군가 다가왔다. 그리고는 갑자기 손에 쥔 비닐봉지에 든 액체를 태완이의 얼굴에 부어버렸다. 태완이의 날카로운 비명소리가 골목길을 울렸다. 액체는 아이의 얼굴을 타고 흘러내리면서 살을 태우고 옷을 녹였다. 아이는 집을 향해 몇 발자국 뛰어가다 더 이상 움직이지 못하고 전봇대에 기대 주저앉았다. "태완이 목소리 아이가?" 골목 맞은편 미용실에 함께 있던 언니의 말에 태완이 엄마, 박정숙 씨는 고개를 흔들었다. "그럴 리가 없어……" 불길한 예감을 애써 부정하며 밖으로 나온 박정숙 씨가 본 것은 불과 몇 분 전에 "다녀오겠습니다" 하며 씩씩하게 나간 아들의 모습이 아니었다.

　범인이 태완이 얼굴에 부은 건 황산이었다. 황산은 태완이의 두 눈과 입 안, 식도를 태우고 장기까지 손상시켰다. 병원으로 옮겨졌을 때 태완이는 얼굴을 비롯해 몸의 45퍼센트에 3도 화상을 입은 상태였다. 몸이 까만 숯처럼 변해갔다. 의사는 생존 확률이 5퍼센트 이하라고 했다. 태완이는 닷새 만에 의식을 되찾았다. 박정숙 씨는 피눈물을 삼키며 정신을 바짝 차렸다. 콧줄을 연결한 코 주변을 제외한 얼굴과 몸 전체를 붕대로 감고 있었지만, 죽음과 싸우며 돌아온 태완이가 그저 대견하고 고마웠다. 어린 아들의 고통을 대신 해줄 수 없다는 것이 박정숙 씨에겐 본인의 죽음보다 더한 아픔이었다. 아이의 각막이 붕대에 묻어 나오는 걸 본 순간에도 정신을 놓지 않으려 이를 악물었다. 부모는 태완이에게 약속했다. 태완이 아프게 한 '나쁜 아저씨' 잡아서 궁둥이 10대 때려주기로. 아이가 알던 가장 큰 벌이 궁둥이 10대 맞기였다.

법의 시간을 멈추다

　사건 이후의 삶은 그 약속을 지키기 위해 몸부림치는 날의 연속이었다. 사랑의 말만 해도 모자랐지만, 기회가 날 때마다 태완이에게 그날의 일을 묻고 또 물었다. 경찰이 피해자 진술을 받아야 했지만 태완이가 늘 말할 수 있는 게 아니라서 부모가 대신했다. 병실에 캠코더 등을 설치해 태완이가 하는 말을 모두 녹음했다. 입 안과 식도가 타버린 아이의 입에서 간신히 나오는 말은 엄마의 통역 없이는 알아듣기 힘들었다. 혀끝에만 감각이 남아 매번 거친 숨을 몰아쉬면서도 아이는 기억하는 장면을 세세히 말했다. 그렇게 녹음한 게 300분 분량이 되었다.

"엄마, 나 갈래, 갈래……." 그해 7월 8일 아침, 오열하는 부모와 형을 남겨둔 채 태완이는 고통 없는 세상으로 떠났다. 49일을 힘겹게 버텨내며 사건에 대해 다 말해주고 더 이상 남은 게 없을 때에야 아이는 숨을 거뒀다. 부모는 여섯 살 자식의 영정 사진 앞에서 눈물로 다시 약속했다. 태완이 아프게 한 범인을 찾아 뒤늦게라도 태완이에게 사과하게 하겠다고, 꼭 혼내주겠다고.

부모의 간절함과 달리 수사는 좀처럼 답보 상태를 면치 못했다. 경찰은 전담 수사팀을 조직해 대대적인 수사에 돌입했지만 별 성과가 없었다. 부모가 아이의 진술을 녹취해 수사팀에 건넸지만 수사팀은 거기에 큰 비중을 두지 않았다. 결정적인 단서를 찾지 못한 채 시간만 흘렀다. 결국 수사팀은 사건 발생 6년이 지난 2005년 아무런 소득 없이 공식 해체되었다. 한때 우리 사회를 경악케 한 충격적인 사건도 사람들의 기억 속에서 서서히 잊혔다.

하지만 부모는 아이와의 약속을 포기할 수 없었다. 미용실을 한 엄마도, 택시 운전을 한 아빠도, 생업을 포기한 채 아이의 진술을 분석하고 다른 증거들과 일일이 대조하면서 지속적으로 수사의 의문점을 정리했다. 1년이 2년이 되고 14년이 되었다. 아이와의 약속을 지키겠다는 마음으로 살았기에 그 긴 세월이 부모에겐 하루와도 같았다.

2013년 9월, MBC 〈시사매거진 2580〉이 부모를 찾아왔다. 부모가 기자의 도움을 받아 당시 수사팀을 찾았지만 사건은 상해치사죄가 적용되어 5년의 공소시효가 이미 끝나 있었다. 그러나 범인이 황산을 뿌릴 때의 고의가 상해의 고의인지 살해의 고의인지는 수사해봐야 아는 것이고, 살인죄가 적용된다면 공소시효(15년) 만료까지는 아직 7개월 정도 남아 있었다.

같은 해 10월 방송이 보도된 후 태완이 사건에 대한 관심이 급증하자 부모는 용기를 내 공식적으로 검찰에 사건 재수사를 요청했다. 태완이가 사망한 날로부터 만 15년이 되는 2014년 7월 7일이면 살인죄의 공소시효마저 만료되어 범인을 잡더라도 처벌할 수 없다. 공소시효라는 벽 앞에서 부모는 국가에 마지막 호소를 할 수밖에 없었다.

2015년에 또 다른 방송이 태완이 사건의 의문점을 보도했다.[1] 태완이가 남긴 300분 분량의 녹취를 국내 진술 전문가 12명이 분석한 결과 초기 수사가 너무나 허술했음이 객관적으로 밝혀졌다. 태완이는 어떤 아저씨(범인)가 비닐봉지에 든 '뜨거운 물'을 자신에게 뿌렸다고 했다.

"통 봤나? 플라스틱 통? 빨간색이더냐? 노란색이더냐? 대답해야지,
대답."

"까만색."

"까만 통이더냐?"

"봉지."

"봉지? 비닐봉지?"

"응."

"까만 비닐봉지?"

"응."

박정숙 씨가 말할 힘조차 부족한 아이를 달래가며 받은 진
술을, 수사팀은 강산성 화학물질인 황산을 비닐봉지에 부으면
비닐이 금방 녹을 것이라는 '그럴듯한' 근거로 믿지 않았다. 그
러나 전문가의 도움을 얻어 실험한 결과 시중에서 쓰이는 검은
비닐봉지의 주성분인 저밀도 폴리에틸렌은 황산에 반응하지
않는다는 사실이 드러났다.

"태완이 말이면 다 된다고 해서, 태완이한테 물어보라고……. 그러
면 범인이 밝혀질 줄 알았거든요. 그래서 그 잔인한 행동을 하지,
부모가. 그 아픈 애 붙들고……. 그렇게 말할 이유가 없잖아. 15년
뒤에 써먹으려고 했겠냐고요. 묻고, 묻고, 또 묻고, 애 어르고 달래
고……. 나는 엄마도 아니에요. 그거 생각하면."

진술 전문가들은 태완이의 진술에 신빙성이 있다며 다시 수사해야 한다고 결론을 내렸다. 태완이는 사건이 일어난 골목에서 이웃에 살던 남성 A씨를 봤고, 사건 직후 그의 목소리를 들었다고 했다. A씨는 사건 당시에도 용의선상에 올랐지만 경찰은 별다른 혐의점을 발견하지 못한 채 사건을 종결했다. 부모는 전문가들의 진술 분석 결과 보고서를 내밀며 수사 재개를 요청했다. 그러나 검찰은 2014년 7월 2일 범인을 특정할 수 없다는 15년 전과 똑같은 결론을 내리며 재수사를 마무리했다. 공소시효 만료가 고작 5일 앞으로 다가와 있었다. 부모는 애간장이 탔다.

이틀 뒤, 공소시효가 단 3일 남은 2014년 7월 4일 금요일, 부모는 공소시효를 정지시키기 위해 최후의 방법을 썼다. A씨를 살인 혐의로 고소하고, 검사가 이에 대해 불기소처분을 하고, 부모가 이에 불복해 대구고등법원에 재정신청*을 한 것이다. 결국 A씨에 대해서만 공소시효가 잠시 정지되었다.**

- 어떤 자를 처벌해달라는 고소에 대해 검사가 기소하지 않는 처분을 했을 때, 고소인이 검사의 불기소처분이 부당하다고 주장하며 고등법원에 제기하는 신청이다. 재정신청이 접수되면 결정이 확정될 때까지 피고소인에 대한 공소시효가 정지되고, 법원이 신청을 인용하면 피고소인에 대해 공소가 제기된 것으로 본다. 한편 재정신청은 검사의 불기소 결정을 통보받은 후 원칙적으로는 고등검찰청 검사장에 대한 '항고' 및 검찰총장에 대한 '재항고'를 해야 가능하지만 공소시효가 30일 이하로 남은 경우 이런 절차를 거치지 않을 수 있다. 태완이 부모가 항고, 재항고 없이 곧바로 재정신청을 할 수 있던 이유다.
- 당시 형사소송법에 의하면 재정신청에 대한 결정이 '있을' 때까지 공소시효가 정지되었다. 현재는 재정신청에 대한 결정이 '확정'될 때까지 공소시효가 정지되는 걸로 개정되었다.

끝내 약속은 못 지켰지만

살인죄에 대해 공소시효를 배제하는 법안은 2012년부터 국회에 계류되어 있었다. 2011년에 성폭력과 관련한 형사특별법이 개정되며 일부 성범죄에 대해 먼저 공소시효가 폐지된 게 직접적인 계기였다. 공소시효가 없어진 일부 성범죄의 법정최고형은 무기징역인데 사형이라는 법정 최고형이 규정된 살인죄에서는 공소시효를 그대로 두는 게 법체계상 맞지 않는 상태였다. 태완이 사건이 15년 만에 다시 여론의 주목을 끌면서 그동안 잠자던 법안이 관심을 받기 시작했다. 그때부터 살인죄에 대한 공소시효 폐지 법안이 태완이법으로 불렸다. 인터넷 카페 등에서 태완이법찬성서명운동이 일어났다. 서명자가 4만 명을 넘으면서 국회에 '태완이법 조속 통과를 위한 청원'이 접수되기에 이르렀다.

한편 2015년 2월 대구고등법원은 태완이 부모의 재정신청을 기각했다. A씨를 피의자로 볼 증거가 부족하다는 검찰의 판단이 잘못되지 않았다는 것이다. 결국 A씨에 대한 공소시효조차 그렇게 만료되고 말았다. 한 가닥 남은 희망마저 사라졌지만, 부모는 태완이법의 통과를 위해 지난 16년간 그랬듯이 절망 속에서 또 한 걸음을 내디뎠다. 재정신청 기각 결정에 대해서 대법원에 항고했고, 살인죄공소시효폐지서명운동을 한 이들과 국회 기자회견장에도 섰다.

"이 세상 어느 부모가 자식의 억울한 일을 겪었는데 그냥 물러설 수 있겠어요. 공소시효라는 제도에 그 억울함을 풀어줄 수 없다면 이것은 부모로서는 도저히 존재할 수 없는 거잖아요."[2]

박정숙 씨의 목소리는 여전히 눈물에 젖어 있었지만 그 어느 때보다 단호했다. 비록 내 아이의 사건은 이렇게 묻히더라도 이런 억울한 일이 더 이상 있어서는 안 된다는 호소가 사람들의 마음을 울렸다. 하지만 그 절규에도 국회 법사위 법안심사소위원회에서는 별다른 움직임이 없었다. 부모가 대법원에 한 항고도 2015년 7월 10일 기각되었다. 아이와의 약속을 지키기 위해 할 수 있는 모든 수단을 강구했지만 야속한 법은 끝내 태완이 사건을 외면했다.

태완이 사건이 그렇게 영구 미제로 남게 되면서 국회에 후폭풍이 몰아쳤다. 부모의 절규와 공소시효의 문제점에 공감한 시민들의 비판이 쏟아지자 법사위 법안심사소위는 3년 넘게 계류된 살인죄의 공소시효 폐지 법안을 그제야 가결했다.

문이 열린 건 태완이 덕분인데 정작 태완이는 문 안으로 들어갈 수 없었다. '태완이 없는 태완이법'이 통과되고 많은 언론이 박정숙 씨를 찾았지만, 그는 전과 달리 인터뷰를 모두 거절했다. 다 끝나버리고 얻은, 아이 이름을 딴 법이 박정숙 씨에게는 고통이었다. 태완이법 통과만으로도 만족하자고 몇 번이나 되뇌었지만, 자식과의 약속을 지키지 못한 죄책감이 내내 마음을 짓눌렀다. 한 프로그램의 간곡한 설득에 법 시행 두 달 만에 다시 만난 박정숙 씨는 끝내 풀 길 없는 가슴의 응어리를 안고 여전히 울고 있었다.

"한편으로는 태완이법이 적용이 돼서 그 사람들한테 도움이 된 게 감사했지만⋯⋯. 시간이 가면 갈수록 왜 우리 태완이만⋯⋯. 16년간 이렇게 왔던 거는 희망이었거든요."[3]

아들의 이름이 다른 억울한 이들의 한을 풀어줄 희망이 되었다는 게 부모에겐 그 무엇보다 잔인한 역설이었다.

예순 엄마가 기억하는 여섯 살 막내

병실에 누운 태완이에게 기억나는 노래를 해보라고 하자 아이는 당시 유행한 텔레비전 만화영화 〈지구용사 선가드〉의 주제곡을 불렀다.

무지개다리 놓고 가고 싶어도
지금은 갈 수 없는 저 먼 우주는
아름답고 신비한 별들의 고향.

"우리 태완이 참 잘하네." 시력을 완전히 잃어 아무것도 볼 수 없는 깊은 어둠 속에서도 천진하게 노래를 부르던 아들을 토닥이며 가슴이 미어지던 그때를 박정숙 씨는 기억한다.

"매해 봄이 오면 갑자기 여기저기 아파서 힘이 하나도 없어요. 태완이가 사고 당한 게 봄이라 몸이 먼저 반응하는 거지요. 이젠 가끔 소리 내서 웃기도 하고, 오늘 뭐해 먹나 반찬 걱정도 하고, 가족들끼리 티격태격하기도 하고 그렇게 보통 사람들처럼 살 때도 많아요. 하지만 몸이 먼저 반응하지 않고 지나가는 해는 없더라고요."

엄마는 세상의 시간에 따라 나이가 들어 이제 예순을 바라보지만 막내아들은 여전히 여섯 살에 머물러 있다. 병상에서 부른 노래 속의 나라, 무지개다리를 타고 건넜을 아름답고 신비한 별들의 고향에서 태완이는 법의 이름이 되어 20여 년째 영원의 시간을 살고 있다.

태완이 없는
태완이법

공소시효는 범인을 법의 심판대에 세울 수 있는 시간적 한계다. 그 시간이 지나면 범인을 잡더라도 처벌하지 못한다. 명백히 정의에 반하는 것처럼 보이지만 대부분의 법치국가에는 공소시효제도가 있다. 헌법재판소는 그 이유를 다음과 같이 설명했다.

> 공소시효의 제도는 시간의 경과로 범죄에 대한 사회적 관심이 미약해져 가벌성이 감소하는 점, 범인이 장기간 도피 생활을 하면서 정신적 고통을 받은 점, 그리고 마지막으로 증거가 흩어져 공정한 재판을 하기 어렵다는 점 등을 근거로 하여 범인이 범죄 후 일정한 기간 기소되지 아니함으로써 형성된 사실상의 상태를 존중하여 법적 안정을 도모하고 형벌권의 적정을 기하려는 데 그 존재 이유가 있다.[4]

세 가지 근거 모두 선뜻 수긍이 가지 않는다. 사회의 관심이 옅어지더라도 당사자에게는 잊힐 리 없고, 그들이 겪는 정신적 고통은 외면한 채 범인의 정신적 고통을 고려하는 건 납득되지 않는다. 게다가 시간이 지나면 증거를 확보하기 어렵다는 것도 과학 수사가 발달한 오늘날과 맞지 않다. 그러나 시각을 공동체로 돌려보면 달리 생각할 여지도 생긴다. 국가의 인력과 자원은 한정되어 있으므로 모든 범죄를 '영원히' 수사할 수는 없다. 그래서 '법적 안정'이란 말은 언뜻 듣기에는 정의의 대척점에 서 있는 듯하지만, 국가의 어쩔 수 없는 선택이다. 특정 사건에 정의가 실현되지 못하더라도 공동체의 이익을 위하는 과정에서 일정 부분 감수할 수밖에 없는 것이다.

시대가 바뀌면 가치관도 바뀌듯 법도 마찬가지다. 시효라는 법의 모양을 늘리거나 잠시 고정시키거나 배제하는 등 사회의 합의에 따라 적절히 변경할 수 있는 것이다. 헌법재판소는 이를 '입법형성의 재량'이라고 말한다. "입법자가 우리의 역사와 문화, 형사 사법 체계와의 관계, 범죄의 실태, 국민의 가치관 내지 법 감정, 특히 사회와 국민의 법적 안정성과 범인에 대한 처벌의 필요성 등 제반 사정을 고려하여" 정한다는 뜻이다. 그래서 태완이법 입법 과정에서 우리의 질문은, 왜 태완이 사건의 공소시효가 끝난 뒤에야 법이 통과되었느냐가 아니라, 국회가 입법형성의 재량을 적절한 시기에, 제대로 행사했느냐는 것이다.

즉흥적 입법이 낳은 불균형

그동안 공소시효의 배제는 극히 예외적인 경우에만 한했다. 2011년 전까지 우리 법에서 공소시효가 배제된 건 헌정질서파괴범죄(형법상 내란의 죄, 외환의 죄, 군형법상 반란의 죄, 이적의 죄)와 〈집단살해죄의 방지와 처벌에 관한 협약〉에 규정된 집단살해죄뿐이었다('헌정질서 파괴범죄의 공소시효 등에 관한 특례법' 제3조). 이 범죄들은 단순히 한 개인에 대한 범죄가 아니라 사회 질서를 뒤흔들어 놓는 수준이라는 공통점이 있다. 시간의 배제라는 예외는 그렇게 특별하다.

개인에 대한 범죄에 공소시효를 배제하는 법이 마련된 건 2011년이 처음이다. 그런데 첫 단추가 잘못 끼워졌다. 사형에 해당하는 가장 중한 범죄에는 시효를 그대로 둔 채 무기징역에 해당하는 범죄에만 시효를 배제하는 입법을 먼저 해버린 것이다. 조두순 사건,* 김길태 사건,** 영화 〈도가니〉의 배경이 된 인화학교 사건***처럼 아동과 장애인 등 약자를 대상으로 한 성범죄

---

* 2008년 12월 경기도 안산에서 조두순이 만 8세 여아를 유인해 성폭행하여 신체를 훼손한 사건이다. 피해 아동은 이로 인해 영구 장애를 입었다. 조두순은 이 사건으로 징역 12년을 선고받아 형을 복역하고 2020년 12월 만기 출소했다.
** 2010년 2월 부산에서 김길태가 13세 여중생을 납치해 성폭행하고 살해한 뒤 유기한 사건이다. 김길태는 이 사건으로 무기징역이 확정되어 복역 중이다.
*** 광주의 청각장애인학교에서 2000년부터 5년간 청각장애아동들을 상대로 교장과 교사들이 성폭력과 학대를 일삼은 사건이다. 실화를 바탕으로 소설가 공지영이 《도가니》라는 소설을 출간했고, 이후 동명의 제목으로 영화화되었다.

가 이슈가 되자 18대 국회는 '성폭력범죄의 처벌 등에 관한 특례법'(이하 '성폭법') 및 '아동·청소년의 성보호에 관한 법률'(이하 '아청법')의 처벌 기준을 대폭 높이고 공소시효를 손보았다. 그 과정에서 13세 미만의 여자 및 장애가 있는 여자에 대한 강간 및 준강간죄의 공소시효 배제가 도입되었다.[5] 이 범죄들의 법정 최고형은 무기징역이었다. 성폭법에서 가장 무거운 범죄인 강간살인죄(법정 최고형이 사형이다)의 공소시효는 25년의 적용을 받는데, 무기징역이 최고형인 위 죄들은 공소시효가 없어진 것이다. 한마디로 관련 법률 체계 전반을 고려하지 않은 즉흥적 입법이었다.[6]

국회의 두 번째 단추 끼우기는 '반쪽짜리'였다. 2012년 19대 국회가 개원하면서 곧바로 구성된 '아동·여성 대상 성폭력 대책 특별위원회'는 13세 미만의 사람과 장애가 있는 사람에 대한 강제추행과 준강제추행, 강간 살인을 공소시효 배제에 추가했다.[7] 이로써 성범죄에 대해서만은 공소시효 배제가 균형이 맞게 되었지만, 또 다른 불균형이 여전히 남았다. 예컨대 어린이에 대한 '강제추행'에는 공소시효가 없지만, 태완이 사건처럼 어린이에 대한 '살인'에는 공소시효가 적용되는 것이다. 그뿐만 아니다. 똑같이 사람을 죽였더라도 '강간'하고 죽인 죄에 대해서는 공소시효가 없는 반면 '강도'짓을 하고 죽이거나 그냥 죽이면 토막살인 같이 잔혹한 행위라도 공소시효가 그대로 존재했다. 합리적이지 못한 법적 불균형이 초래되었지만, 국회는 이를 심각하게 받아들이지 않았다.

그러자 법무부는 형사소송 법학자 등으로 구성된 자문기구인 형사소송법개정특별분과위원회의 논의를 거쳐 살인죄에 대한 공소시효를 배제하는 개정안을 같은 해 9월 26일 국회에 제출했다. 그 전후로 비슷한 내용의 의원 발의안도 두 개 더 나왔다. 그러나 이 법안들은 빛을 보지 못하는 수많은 법안 중 일부로 전락한 채 3년 넘게 묻혀버렸다.

태완이가 이 법안들을 다시 국회로 불러들였다. 태완이 사건이 직접적인 계기가 되어 발의된 비슷한 법안 세 개도 추가로 접수되었다.[8] 2015년 6월 국회 해당 상임위(법제사법위원회)는 시효는 여론에 휩쓸릴 문제가 아니라며 이들 법안에 부정적인 태도를 보였다. 그러나 같은 해 7월 21일 국회가 별안간 이전의 회의적인 시각을 뒤집었다. 태완이 사건에 대해 부모가 법적으로 할 수 있는 모든 수단이 끝나면서 여론의 비판이 쏟아지자 태도를 바꾼 것이다. 국회는 공소시효를 배제하는 범죄의 범위를 사형에 해당하는 살인죄에 한하기로 하고, 법 시행일을 기준으로 공소시효가 만료되지 않은 사건에 대해 소급 적용하는 안으로 정리했다.* 이 법안은 같은 해 7월 24일 국회 본회의를

* 소급 입법이란 이미 지난 일에 대해서도 개정된 법안을 적용하는 입법을 말하는데, 이미 과거에 만료된 사실 또는 법률관계를 규율의 대상으로 하는 이른바 '진정소급효의 입법'과 이미 과거에 시작했으나 아직 만료되지 않고 진행 과정에 있는 사실 또는 법률관계를 규율의 대상으로 하는 이른바 '부진정소급효의 입법'이 있다. 헌법이 금지하는 것은 진정소급효의 입법이고, 부진정소급효의 입법은 원칙적으로 허용된다. 태완이법도 법 시행 당시를 기준으로 공소시효가 만료되지 않은 사건에 대해서만 소급효를 적용하는 부진정소급효를 택했다.

통과했다(재석 203인, 찬성 199인, 기권 4인).

"인간 세상에서 정의의 실현에는 한계가 있다"

독일은 나치를 끝까지 단죄하기 위해 살인죄의 공소시효를 기존 20년에서 30년으로 늘렸다가(1969), 마침내 시효를 배제하도록 개정했다(1979). 그래서 제2차 세계대전이 끝나고 75년이 훨씬 지난 지금도 100세 할아버지, 95세 할머니를 강제수용소에서의 살인 방조 혐의로 법정에 세우고 있다.[9] 나치 청산에 이렇게 철저한 나라이니 살인죄에 대한 공소시효 배제 법안도 압도적 찬성으로 통과되지 않았을까. 그런데 아니었다. 찬성 255 대 반대 222. 팽팽한 찬반 대결이었다. 반대 논거 중 하나는 다음과 같았다.

인간 세상에서 정의의 실현에는 한계가 있다. 공소시효는 검사, 판사의 오랜 시간이 경과한 사건에 대한 유죄 판결 획득의 고통을 제거하기 위한 것인 동시에, 오판을 방지하기 위한 제도이다. 범죄 후 30년이라는 세월은 입증을 곤란하게 하여, 오판이라는 국가적 불법의 위험을 높일 수 있다.[10]

공소시효가 피해자의 고통을 외면하고 가해자의 인권을 보호하기 위한 것이 아니라, 국가가 오판할 가능성을 줄이기 위해 법치국가가 '어쩔 수 없이' 둘 수밖에 없는 제도라는, 시효의 본질에 관한 고민을 엿볼 수 있는 논거다. 굳이 남의 나라 이야기를 하는 건, 우리 국회가 시효 문제는 신중해야 한다며 형사소송법 개정안을 보류했을 때와 극명한 대조가 되기 때문이다.

여론에 떠밀려 결정할 문제가 아니라던 소신 있는 주장은 2011년 성폭법과 아청법 등 특별법 개정 때 했어야 했다. 시효는 형사 소추의 주요 제도 중 하나이므로 그 배제 규정은 기본법인 형사소송법에 정하는 게 맞다. 그럼에도 상대적으로 개정이 쉬운 특별법에 공소시효 배제 규정을 먼저 만들고, 그 결과 무너진 법적 균형을 뒤늦게 기본법 개정으로 바로잡으려다 '태완이 없는 태완이법'을 낳은 것이다. 정의의 실현에는 한계가 있다는 말로 태완이 부모를 위로하지 못하는 건 바로 그 이유에서다.

"태완이가 이룬
정의입니다"

박준영, 변호사

　　재심 전문 변호사로 유명한 박준영 변호사는 2015년
7월 태완이법이 국회를 통과하는지 가슴 졸이며 지켜보았다.
변호를 맡은 익산 택시기사 살인 사건의 재심이 힘겹게 시간과
싸우고 있었기 때문이다. 영화 〈재심〉의 모티프로도 잘 알려진
익산 택시기사 살인 사건은 2000년 8월 10일 일어났다. 당시
열여섯 살 최성필(가명)이 억울하게 범인으로 몰려 감옥에서
10년을 복역했다. 최성필이 출소한 2010년부터 재심을 준비
한 박 변호사는 2015년 6월 22일 광주고등법원으로부터 재심
개시 결정을 받았지만 감격도 잠시였다. 검사가 항고했기 때
문이다. 진범의 공소시효가 사건 발생일로부터 15년이 지나는
2015년 8월 9일 끝나는데, 그전에 대법원의 항고 기각 결정이
나 재심 개시 결정이 확정되기에는 시간이 너무나 촉박했다.

공소시효가 끝나 진범을 기소하지 못하면 가짜 범인이 재심에서 무죄를 받기 어려울 수도 있었다. 그러는 와중에 태완이법이 국회를 통과해 그해 7월 31일 시행된 것이다. 사건의 공소시효를 단 9일 남겨둔 때였다. 이런 극적인 일을 겪은 그는 익산 택시기사 살인 사건의 진범 기소를 '태완이가 이룬 정의'라고 말했다.[11]

그러나 그는 입법이 추진되던 당시에는 사실 태완이법에 대해 잘 몰랐다고 했다.

"2015년 6월 말에만 해도 형사소송법 공소시효 조항 개정 논의에 대해 의식하지 못하고 있었습니다. 그때는 개정안이 통과된다는 전망이 별로 없었어요.[12] 곧 진범의 공소시효가 만료되는데 마음이 답답했죠. 물론 진범을 법의 심판대에 세우지 못하더라도 최성필이 재심에서 무죄를 받을 수 있었을 겁니다. 진범이 따로 있다는 사실 자체는 확실했으니까요. 하지만 재심 사건에서 무죄 판결을 받는 것만큼, 진범을 찾아 제대로 죄를 묻는 것도 중요합니다. 진범이 공소시효 끝났다고 거리를 활보하고 다닌다면 이건 정의라고 할 수 없잖아요. 그러고 있는데 갑작스럽게 태완이법이 급물살을 탄 겁니다. 제겐 정말 태완이의 선물 같았죠."

최성필은 마침내 2016년 11월 17일 재심 무죄 판결을 받았고, 검찰은 같은 날 진범을 체포했다. 그 후 진범에 대해 징역

15년 형이 확정되었다.

박 변호사를 만나 인터뷰를 한 날은 화성 8차 사건 재심*에서 무죄 선고가 있은 지 얼마 되지 않은 날이어서 자연스럽게 그 사건 이야기도 나왔다. 뜻밖에도 그는 그 사건도 태완이법의 영향을 받았다고 했다. 화성 8차 사건은 1988년 발생했으므로, 태완이법 적용 대상이 아닌데 말이다.

"태완이법 시행 이후로 각 지방 경찰청마다 살인 사건 장기 미제 사건 전담팀이 생겼지 않습니까. 연쇄살인 사건은 비록 시효가 만료되었지만 사건의 무게를 감안해서 미제 사건 전담팀에서 관심의 끈을 놓지 않고 있었던 것 같습니다. 그러던 중 기술의 발달로 화성 일부 사건 증거물에서 이춘재의 DNA를 특정하게 되었고,** 이걸 근거로 이춘재를 추궁하는 과정에서 이춘재가 8차

• 화성 8차 사건은 1988년 9월 16일 경기 화성군에서 이춘재가 13세 여중생을 성폭행한 뒤 살해한 사건이다. 사건 당시 경찰은 농기계 수리공 윤성여 씨(22세)를 용의자로 체포해 사흘간 잠을 재우지 않고 구타 등으로 고문을 한 끝에 윤 씨로부터 허위 자백을 받아냈다. 무기징역형을 선고받고 2009년 가석방으로 출소한 윤 씨는 재심 청구를 고민했지만 진범이 안 잡히면 재심 개시도 어렵다는 말을 듣고 억울하다는 하소연조차 하지 못한 채 살았다. 윤성여 씨는 2020년 12월 17일 재심에서 무죄를 선고받았고 판결이 그대로 확정되었다.

•• 경찰은 2019년 7월 새로 개발된 잔사 DNA 증폭 및 복원 기술로 화성 연쇄살인 사건 현장에 남겨진 증거품에서 새로운 DNA를 뽑아냈고, 이를 토대로 교도소 수감자들의 DNA 데이터베이스와 대조하던 중 당시 부산교도소에서 다른 강간 살인으로 무기징역을 받아 복역 중이던 이춘재의 DNA와 일치한다는 사실을 발견했다. 이춘재는 처음에는 범행을 부인했으나, 다수의 프로파일러가 설득한 끝에 원래 화성 연쇄살인 사건(10건) 규모보다 큰 14건의 강간 살인과 두 건의 강간 범죄를 자백했다.

사건도 자신이 했다고 자백하면서 윤성여 씨가 세상에 나오게 된 것이거든요."

경찰청에 장기 미제 사건 전담팀이 생긴 것이 태완이법 덕분이었다. 태완이법과 전담팀의 노력으로 국가 폭력에 희생된 한 사람의 억울함을 밝혀낼 수 있었다.

"이 사건은 공소시효가 지나 진범을 처벌할 수는 없지만 진범이 누구인지 어떻게 범행했는지 진실이 드러났고, 이춘재가 앞으로 가석방으로 나오기는 힘들다고 봐야 하니 그나마 다행이지요. 태완이 사건에는 적용이 안 되더라도 제2, 제3의 태완이는 막아야 한다며 태완이법 통과를 눈물로 호소해준 태완이 어머니께 참 감사한 마음이 큽니다."

억울한 이들을 대변해 잇따라 재심 무죄를 이끌어낸 그에게 세상은 박수를 보내지만 박 변호사는 재심 사건은 하면 할수록 마음이 더 무거워진다고 했다.

"무죄를 받는다고 해서 당사자의 억울한 세월이 없어지거나 그 일이 일어나기 전으로 시간을 되돌릴 수는 없잖아요. 명예는 회복할 수 있지만 삶은 회복이 되지 않아요. 재심에서 무죄를 받으면 언론은 보상금이 얼마나 되나 그런 기사를 막 쏟아내는데, 돈으로도 삶이 보상되지 않습니다. 아니 오히려 돈 때문에 친지와 주변 지인과 더 멀어지고 그래서 재심 전보다 더 외로운 삶을 살기도 합니다."

재심 무죄 판결로 세상은 바로잡히는 것 같지만, 억울한 옥살이를 한 당사자의 삶을 보면 그렇지 않은 것이다. 진범이 드러남으로써 가슴의 응어리를 조금은 덜어낼 수 있지만 진실이 밝혀지는 데 걸린 고통의 세월은 결코 치유되지 않는 걸 재심 전문 변호사인 그는 누구보다 잘 안다.

박 변호사의 소회를 들으며 태완이 사건과 익산 택시기사 살인 사건, 화성 8차 사건에 공통점이 있다는 걸 새삼 깨닫게 되었다. 바로 초기 수사를 객관적이고 과학적으로 하지 않았다는 점이다. 태완이 사건에서 경찰은 피해자의 진술(예컨대 황산이 비닐봉지에 담겨 있었다는 진술)을 근거 없이 배척해 성과를 얻지 못했고, 유가족에게도 깊은 상처를 주었다. 박정숙 씨가 가슴의 한을 끝내 풀지 못한 건 경찰이 범인을 잡지 못해서가 아니라 아이가 고통 속에서 토해낸 진술을 무시하고 소중히 여기지 않아서일 것이다.

인터뷰를 마무리하며 한정된 사법 자원과 시간이라는 한계 앞에서 국가의 태도는 어때야 하는지 그에게 물었다.

"물론 사법 자원을 합리적이고 공정하게 배분하는 것도 중요하지요. 하지만 사법 피해를 당한 사람에게 국가의 자원이 한정되어 있으니 때로는 희생도 불가피하다고 하는 건 그 개인에게는 너무 가혹합니다. 또한 희생이 힘없고 가난한 사람들에게 집중된다면 그것이 정말 불가피하다고 할 수 있을까요. 어려운 질문이라 제가 답을 가지고 있지는 않아요. 하지만 억울한 이를 잡는 국가 폭력이 다시는 일어나지 않아야 한다는 건 분명합니다. 한 생명이 우주보다 소중하잖아요."

태완이가 법이 되기까지

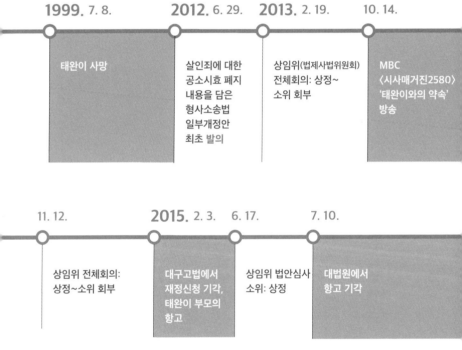

1999. 7. 8.

태완이 사망

2012. 6. 29.

살인죄에 대한
공소시효 폐지
내용을 담은
형사소송법
일부개정안
최초 발의

2013. 2. 19.

상임위(법제사법위원회)
전체회의: 상정~
소위 회부

10. 14.

MBC
〈시사매거진2580〉
'태완이와의 약속'
방송

11. 12.

상임위 전체회의:
상정~소위 회부

2015. 2. 3.

대구고법에서
재정신청 기각,
태완이 부모의
항고

6. 17.

상임위 법안심사
소위: 상정

7. 10.

대법원에서
항고 기각

11.

2014. 7. 2.   7. 4.   7. 7.   7. 17.

재수사
요청

재수사
마무리

태완이 부모,
용의자 A에 대해
재정신청

태완이 사건
공소시효 만료
(A씨 제외)

형사소송법
일부개정안
추가 발의

7. 21.   7. 24.   7. 31.

상임위 법안심사소위:
의결(대안)

상임위 전체회의:
의결

본회의 통과

공포 및 시행

형사소송법
(법률 제13454호, 2015. 7. 31, 일부개정)

제253조의2(공소시효의 적용 배제) 사람을 살해한 범죄(종범은 제외한다)로 사형에 해당하는 범죄에 대하여는 제249조부터 제253조까지에 규정된 공소시효를 적용하지 아니한다. (본조 신설 2015. 7. 31.)

부칙 제2조(공소시효의 적용 배제에 관한 경과조치) 제253조의2의 개정규정은 이 법 시행 전에 범한 범죄로 아직 공소시효가 만료되지 아니한 범죄에 대하여도 적용한다.

부모의 자격,
상속의 자격

구하라법

넌 절대 혼자가 아니야
일어나 네 모습 보여줘
웃는 모습 보여줘

- 카라, 〈I Luv Me〉

구하라

1991. 1. 3. ~ 2019. 11. 24.

광주에서 1남 1녀의 막내딸로 태어났다. 2013년 한국 걸그룹으로는 처음으로 도쿄돔에서 단독 콘서트를 여는 등 일본에서 케이팝 열풍을 이끄는 주역으로 활동했다. 2016년 카라 해체 후 솔로 가수로 무대에 섰고, 예능과 드라마에서도 활약했다. 전 남자친구의 데이트 폭력 사건 등으로 시련을 겪었으나 2019년 11월 일본에서 단독 투어 콘서트를 성공적으로 마치며 다시 일어섰다. 그러나 귀국 후 불과 이틀 뒤인 24일, 서울 자택에서 스물여덟 살의 나이로 스스로 생을 마감했다.

구하라법

자식에 대한 부양의무를 다하지 않은 부모에게 자식의 재산이 상속되는 것을 막자는 취지에서 입법이 추진 중인 법안이다. 2020년 3월 구하라의 오빠 구호인 씨의 법률 대리인 노종언 변호사가 '직계존속 또는 직계비속에 대한 부양의무를 현저히 해태한 경우도 상속결격 사유로 추가하고, 기여분 인정 요건을 완화하는 민법 개정에 관한 청원'을 국회 국민동의청원에 올렸고, 같은 해 4월 3일 국민 동의 10만 명이라는 요건을 충족해 국회 법제사법위원회(법사위)에 정식으로 상정되었다. 두 번에 걸쳐 법안 심사가 이루어졌으나 같은 해 5월 말 20대 국회 임기 만료로 폐기되었다. 21대 국회에서 위 청원과 유사한 취지의 민법 일부개정안이 의원 발의되었고, 법무부가 2021년 6월 부양의무를 중대하게 위반한 때 상속권을 상실시킬 수 있는 제도 도입을 골자로 한 개정안을 국회에 제출한 상태다.

흑백 가족사진 속의 법

"잘 자." 2019년 11월 23일 밤, 구하라는 자신의 SNS에 다정한 인사를 남겼다. 그게 모두에게 보내는 작별인사임을 우리는 그 다음 날에서야 알게 되었다. 열정적으로 춤을 추며 노래를 부를 때, 진지한 얼굴로 연기를 할 때, 예능에서 해맑은 얼굴로 시청자들에게 웃음을 선사할 때, 그는 늘 자신감이 넘쳐 보였다. 하지만 밖으로는 내비치지 않던 어둠이 내면 깊숙한 곳에서 그를 잠식해가고 있었다. 2018년 전 남자친구의 데이트 폭력 등이 언론에 알려지며 여러 논란에 시달린 일과 이듬해 친구 설리가 스스로 목숨을 끊은 일 등으로 그는 몹시 힘든 시기를 보내야 했다.

그러나 팬들의 응원에 힘입어 아픔을 딛고 일어서는 것 같았다. 사망 열흘 전인 2019년 11월 13일 일본에서 싱글 앨범

'미드나이트 퀸Midnight Queen'을 발매하고, 같은 달 14일부터 19일까지 후쿠오카 등에서 콘서트를 성공적으로 마쳤다. 2013년 카라로 활동할 때 일본 도쿄돔을 뒤흔들며 가장 주목받은 이후 제 2의 전성기를 열었다고 해도 과언이 아니었다. 그런 그가 스스로 목숨을 끊었다. 일본에서 귀국한 지 불과 이틀이 지난 때였다.

"무슨 이런 법이 있어요?"

누구보다 가슴이 미어진 사람은 구하라의 두 살 터울 오빠 구호인 씨였다. 남매는 어려서부터 우애가 좋았다. 남들처럼 부모와 함께한 시간이 별로 없었기 때문에 남매의 정은 더욱 각별했다. 동생이 아홉 살 때, 구호인 씨가 열한 살 때 친모가 집을 나갔다. 그 후 친모는 아버지와 정식으로 이혼하고, 친권을 포기했다. 건설업을 하는 아버지는 전국을 돌아다니며 일해야 해서, 남매는 할머니와 고모의 도움을 받으며 자랐다.

"동생은 중학생 때부터 피팅 모델 아르바이트 같은 걸 하며 연예인을 꿈꿨어요. 고등학생 때 기획사 오디션에 합격해 그 고된 연습생 생활도 잘 이겨냈고요. 카라의 멤버로 성공을 이루는 걸 보면서 동생이 자랑스러우면서 그 모든 걸 혼자서 감당해내는 게 애처롭기도 했죠."

동생이 평소 친모를 향한 감정을 자주 토로한 건 아니었다. 그런데 동생이 남긴 물건을 정리하다 발견한 일기장 곳곳에는 친모를 원망하고 그리워하는 글이 적혀 있었다.

버릴 거면 왜 낳았어.

나는 엄마가 보고 싶다.

엄마가 그립고 느끼고 싶다.

항상 목구멍 안으로 삼키고

뱉지 않고 잠그고만 있었다.

누구보다 간절하고 느끼고 싶다.[1]

구호인 씨는 일기장을 읽다 말고 쏟아지는 눈물을 삼켰다. 친모에 대해 남매가 아는 것은 거의 없었다. 동생은 그저 엄마의 따뜻한 품이나 손길, 다정한 말투 같은, 엄마라는 보통명사에서 떠오르는 이미지를 그리워할 뿐이었다. 동생의 깊은 외로움의 근원에 어쩌면 친모의 부재가 생각보다 크게 자리 잡고 있는지도 몰랐다.

"어릴 때 친모가 집을 나간 후로 동생이 친모를 처음 만난 게 2017년 무렵이었어요. 동생의 우울증 치료를 맡았던 의사가 권해서요. 친척들 도움으로 수소문을 해서 20여 년 만에 처음으로 친모를 만났는데 동생이 그 후 그 이야기를 길게 하지는 않았어요.

막상 만나니 어색해서 별로 할 말이 없었다고 하더라고요."

그 이후로 동생의 마음의 병은 더 깊어졌다. 한번은 동생이 극단적 선택을 시도하다 구조된 일이 있었다. 구호인 씨가 병원으로 달려갔지만 병원에서는 오빠는 보호자가 될 수 없다며 부모 중 한 사람이 와야 한다고 했다. 하필 아버지는 사정이 있어 올 수 없었다. 내키지 않았지만 친모에게 연락했다. 정신을 차린 동생이 친모를 보고 화를 냈다. "엄마 왜 불렀어?"

친모를 다시 만난 건 장례식장에서였다. 뉴스를 보고 온 친모가 상주복을 입겠다고 나섰다. 구호인 씨는 냉정하게 거절하며 장례식장에서도 나가달라고 했다. 동생이 수소문해 연락하기 전까지 남매를 한 번도 만나러 오지 않은 사람이었다. 자식을 버리고 나간 후 처음으로 제 발로 찾아온 곳이 딸의 장례식장이라니, 그런 이를 상주로는 물론 문상객으로도 받고 싶지 않았다.

그런데 장례를 마치고 며칠 뒤 마지못해 친모에게 연락해야할 일이 생겼다. 동생이 사망 전에 계약한 부동산 매도 건을 처리해야 했기 때문이다. 매수인은 매도인(구하라)이 사망했으니 잔금을 누구에게 지급할지 모르겠다며 법정상속인들이 협의를 해달라고 했다.

친모는 전화를 받지 않고 문자로 변호사 명함만을 보냈다. 아버지를 대신해 중개 사무실에 간 구호인 씨는 그곳에서 친모가 보낸 변호사들을 만났다. 그제야 정신이 번쩍 들었다. 그동안 동생을 잃은 슬픔과 충격을 추스르느라 동생의 재산에 대해서는 별 생각을 못했는데, 친모는 변호사를 두 명이나 선임해 대응하고 있었다. 친모의 변호사들은 법률상 고인의 법정상속인은 부모이고 그 지분이 반반이니 잔금의 절반을 수령하겠다고 했다.

"저는 친모의 주장이 정말 어처구니가 없었어요. 그런데 법적으로는 그게 맞다는 거예요. 아무리 생각해도 납득이 가지 않는 거죠. 자식 버린 부모가 자식의 죽음으로 되레 큰 이익을 얻는 걸 법이 그냥 두고만 본다는 게. 무슨 법이 이런 법이 있나 싶고."

"우리 같이 법을 고쳐봅시다"

구호인 씨를 만난 노종언 변호사는 난감했다. 의뢰인의 희망은 분명했다. 동생을 버리고 떠난 친모가 동생의 재산을 상속받으면 안 된다는 것이었다. 그러나 법은 그 반대편에서 굳건했다. "부양의무 이행과 상속 자격은 아무 상관이 없다." 미혼이면서 자식이 없는 구하라의 법정상속인은 직계존속, 즉 부모이고 상속분은 일대일로 정해져 있다. 이런 사건에서 변호사의 노력으로 달라질 수 있는 부분은 아주 작았다. 상속재산 분할 심판 청구 사건에서 아버지의 기여분을 최대치로 인정받고,* 친모를 상대로 그동안의 양육비를 받아내는 것이 전부였다.

공동상속인 중에서 상당 기간 동거, 간호, 그 밖의 방법으로 피상속인을 특별히 부양하거나 피상속인의 재산의 유지 또는 증가에 특별히 기여했다고 인정되면 상속재산 분할 심판에서 상속 지분이 조정될 수 있다. 문제는 '부모' 중 어느 한쪽의 기여분을 인정받는 게 쉽지 않다는 것이다. 구호인 씨의 입장에서는 양육을 전담한 아버지가 양육을 전혀 하지 않은 친모에 비해 당연히 상당한 기여분을 인정받아야 할 것 같지만, 법원의 입장은 그렇지 않았다. 부모가 자식을 양육하는 것은 당연한 '의무'이기 때문에 한쪽이 양육을 아예 하지 않았더라도 다른 한쪽의 기여분만을 인정하지 않았다. 양육을 전담한 쪽의 기여분을 조금이나마 인정해준 극소수의 판례가 있긴 하지만, 소송에서 구호인 씨가 원하는 결과를 받아낼지 장담할 수 없

---

* 구호인 씨는 '피상속인의 형제자매'여서 상속 순위에서 '피상속인의 직계존속'에 밀리므로 구하라의 법정상속인은 아니다. 그러나 구하라의 아버지로부터 그 상속분을 양도받아 친모를 상대로 상속재산 분할 심판 청구를 했다. 위 청구 사건에서 청구인(구호인)은, 양육에 전혀 기여하지 않은 친모에 비해 아버지의 기여분이 훨씬 높아야 한다고 주장했다. 구하라의 아버지가 구하라의 어린 시절부터 전국의 건설 현장에서 일하며 구하라의 양육비를 지원했고 미성년자인 구하라의 보호자로서 소속사와 계약 협의, 카라의 숙소 관리, 카라의 자금 정산 문제 등을 전적으로 관리해 구하라가 톱스타로 성장하는 데 많은 기여를 한 점이 참작되어야 한다는 것이다. 광주가정법원은 2020년 12월, 청구인의 주장을 일부 받아들여 구하라 아버지의 기여분을 20퍼센트 인정해, 상속재산을 6(청구인) 대 4(피청구인)로 분할하는 결정을 내렸고, 이 결정이 확정되었다.

었다. 아버지가 친모를 상대로 제기하는 양육비 청구는 당연히 인용되겠지만, 그건 이 사건에서 별로 도움이 되지 않았다. 보통의 20대 여성과 달리 구하라가 이뤄놓은 재산이 상당하다 보니 친모가 가져갈 상속재산에 비하면 양육비는 아무것도 아니었다.

이런 일이 구호인 씨만의 문제는 아니었다. 2010년 천안함 피격 사건 때 희생된 두 명의 젊은 미혼 장병 사례가 있었다. 어릴 때 이혼해 전혀 교류가 없던 부 또는 모가 아들이 사망한 후 사망보상금 등을 받아가면서 비난 여론이 일었다. 2014년 2월 경주 마우나 리조트 붕괴 사고, 같은 해 4월 세월호 참사 때도 비슷한 사례가 잇따르자 상속법 개정이 필요하다는 목소리가 나왔다.[2] 부양의무를 이행하지 않은 부모가 죽은 자식의 상속을 받는 것은 헌법에 위배된다고 주장하며 헌법재판소까지 간 사건도 있었다.[3]

노 변호사는 유사 사례들만으로도 법이 문제라는 결론에는 자연스럽게 이르렀다. 자식을 기르지 않은 부모가 상속받는 일은 흔하지 않은 세 가지 조건, 즉 ① 부모 중 일방이 이혼이나 가출로 자식에 대한 부양의무를 저버렸고, ② 자식이 미혼 상태에서 부모보다 먼저 사망했으며, ③ 죽은 자식에게 재산이 있다는 조건이 모두 충족되어야 비로소 문제가 될 수 있다.[4] 예전에는 이런 조건이 다 갖춰지는 게 드물었기에 보편적인 정의에 반함에도 불구하고 공론화되지 못했을 뿐이다. 그러나 이혼

가정, 한부모 가정 등 가족 형태가 다양해지고 사고사의 경우 보상금이나 손해배상금 명목으로 자식 앞으로 목돈이 나오는 일이 많아졌다. 현실은 달라졌는데, 법은 60여 년 전에 만들어진 그대로이니 그 간극에서 생기는 균열이 점점 커지는 건 당연했다.

미국에서는 부양의무를 다하지 않은 상속인을 상속결격 사유, 즉 상속인 자격을 박탈하는 사유에 포함하고,[5] 일본에서는 상속인 폐제廢除, 즉 유언이나 가정법원의 판결로 상속을 제한한다. 우리에게도 부양의무 이행 여부에 따라 상속을 제한하는 법이 필요해 보였다. 물론 법이 만들어져도 원칙상 소급 적용이 되지 않으니 이 사건에는 도움이 되지 않았다. 그러나 여론이 입법 필요성에 공감한다면 상속재산 분할 심판 청구 사건에서 기여분과 관련해 조금은 유리할 수 있다고 생각했다. 노 변호사는 구호인 씨에게 제안했다. 동생의 이름에 기대 입법운동을 해보자고.

부모의 자격을 묻다

"처음에는 망설였어요. 아무리 동생이 유명해도 우리 같은 평범한 사람이 법을 고치자고 한다고 법이 고쳐질까 싶었어요. 법이 만들어진다 해도 법이 만들어지기 전에 일어난 동생 사건에는 적용되지 않는다고 하니, 그것도 마음에 걸렸고요. 또 동생 생전에 알려지지 않은 가족사를 다 드러내야 한다는 부담도 컸어요."

마음을 바꾸게 된 건 동생과 비슷한 일이 많다는 걸 알게 되면서다. 천안함 피격 사건이나 마우나 리조트 붕괴 사고, 세월호 참사에서도 자식 버린 부모가 십수 년 만에 나타나 보상금을 받아갔다니, 앞으로 이런 일이 계속 생길 텐데 누군가는 나서야 하는 일이 아닌가 싶었다. 어린이보호구역에서 자식을 잃은 부모가 호소했던 민식이법이 국회를 통과한 게 얼마 전이었다. 그들도 자신처럼 법을 잘 모르는 사람들이었다. 열심히 산 동생의 이름을 걸고 용기를 내보기로 했다.

2020년 3월 16일 국회 국민동의청원 게시판에 '직계존속 또는 직계비속에 대한 부양의무를 현저히 해태한 경우도 상속결격 사유로 추가하고, 기여분 인정 요건을 완화하는 민법 개정에 관한 청원'이라는 아주 긴 제목의 청원을 올렸다. 부양의무를 다하지 않은 부모가 죽은 자식의 사망보상금을 비롯한 재산을 상속받을 권리를 보장하는 현행 민법의 상속편 일부를 개정해달라는 내용이었다.

국회 국민동의청원은 100명의 동의를 받으면 일반에 공개되고, 공개된 후 30일 내에 10만 명 이상의 동의를 받으면 청원이 성립되어 국회 상임위원회에 자동으로 회부된다. 100명 동의가 금세 채워져 청원은 3월 18일 공개되었다. 문제는 10만

명의 동의를 받는 것이었다. 인터넷에 글을 쓰고, 국회에서 기자회견을 하고, 매체를 가리지 않고 수없이 인터뷰를 했다. 동생이 유명했고, 구호인 씨가 그렇게 열심히 하는 데도 2주 동안 동의 수는 2만 5000명 정도에 불과했다. 남은 2주 동안 7만 5000명을 모아야 하는데 문턱도 못 넘을까 불안감이 엄습했다. 다행히 4월 2일 구하라법을 다룬 MBC 〈실화탐사대〉 방송이 나가자 안도의 한숨을 쉴 수 있었다. 폭발적으로 증가한 동의 수 때문에 그날 밤 국민동의청원 사이트가 다운될 정도였다. 다음 날인 4월 3일 10만 명 동의가 달성되고 청원이 성립되어 구하라법은 해당 상임위인 법사위에 회부되었다.

여론은 절대적으로 구하라법 편이었다. 하지만 국회와 법조계의 온도는 달랐다. '부양의무를 현저히 이행하지 않은 자'를 상속결격자로 정하면 '현저히 이행하지 않은' 게 어느 정도인지 명확한 기준이 없기 때문에 법적 안정성을 해한다는 것이다. 청원이 성립하고 한 달 반 남짓 지난 2020년 5월 말 20대 국회는 임기를 종료했고, 그때까지 통과되지 못한 구하라법은 결국 폐기되었다.

"그땐 정말 좌절감이 말로 다 할 수 없었어요. 2020년 2월부터 여기에만 매달렸는데, 폐기라고 하니……. 변호사님은 21대 국회에서 될 수 있다고 하셨는데 그때는 모든 게 다 끝난 것 같아 그 말도 위로가 안 되더라고요."

동생에게 주는 마지막 선물

구호인 씨의 좌절과 달리 변화는 성큼성큼 다가왔다. 2020년 6월, 21대 국회가 개원하자 서영교 의원이 구하라법과 비슷한 취지의 민법 개정안을 발의했다. 같은 해 12월, 공무원이었던 자식에 대한 양육책임을 다하지 않은 부모에게 연금과 보상금 지급을 제한하는 이른바 '공무원구하라법'[6]이 통과되었다.

그 후 두 달이 채 못 되어 법무부가 상속인이 될 자가 피상속인에 대한 부양의무를 중대하게 위반하면 상속권을 상실시킬 수 있도록 하는 안을 입법예고하고, 2021년 6월 이를 국회에 제출했다. 구호인 씨 측이 제안한 상속권박탈제도와는 조금 다르지만, 부양의무 이행과 상속을 연계하는 법안을 법무부가 처음 제시한 것이 의미가 있었다.

돌이켜 생각해보니 20대 국회에서 구하라법이 폐기될 때 서둘러 좌절할 필요가 없었다. 국회 임기가 끝난다고 구하라법 논의가 끝나는 것도 아닌데 임기 만료 폐기라는 말에 너무 압도당한 것 같았다. 빨리 입법되는 것만이 능사는 아니라는 법률가들의 신중론도 그제야 조금 공감되었다. 구호인 씨는 동생의 이름을 딴 법이 그 이름처럼, 억울한 이들을 '구하는' 법이 되길 바란다.

"구하라법을 적극적으로 추진한 이유는 어린 시절 외로움에 고통

받았던 우리 가족의 비극이 우리 사회에서 더 발생하지 않도록 하기 위해서입니다. 평생을 슬프고 외롭고 아프게 살아갔던 동생을 위해, 어떻게 보면 제가 줄 수 있는 마지막 선물이라 생각했습니다."[7]

오빠가 동생에게 주고 싶은 마지막 선물은 과연 만들어질 수 있을까. 그리고 그 선물이 비슷한 아픔을 겪는 이들에게도 뜻깊은 선물이 될 수 있을까.

'불효자 방지법'이
'파렴치 부모 방지법'으로

상속은 원칙적으로 도덕성이나 인격과 아무 관계가 없다. 하지만 몇 가지 예외가 있는데 이를 상속결격 사유라고 한다. 법이 정한 '일정한 부도덕한 행위'를 한 상속인은 법률상 상속인의 자격을 잃는다. 현재의 상속결격 사유는 다음과 같다(민법 제1004조).

1. 고의로 직계존속, 피상속인, 그 배우자 또는 상속의 선순위나 동순위에 있는 자를 살해하거나 살해하려 한 자.

2. 고의로 직계존속, 피상속인과 그 배우자에게 상해를 가하여 사망에 이르게 한 자.

3. 사기 또는 강박으로 피상속인의 상속에 관한 유언 또는 유언의 철회를 방해한 자.

4. 사기 또는 강박으로 피상속인의 상속에 관한 유언을 하게 한 자.

5. 피상속인의 상속에 관한 유언서를 위조·변조·파기 또는 은닉한 자.

이 사유들은 1958년 민법이 제정될 때 정해져 지금까지 그대로다. 학계에서는 이 다섯 가지 사유를 피상속인 또는 자기보다 앞선 상속 순위를 가진 사람의 생명에 대한 중대한 범법행위(1, 2호)와 남겨진 재산에 대한 망자의 뜻을 왜곡하는 경우(3, 4, 5호)로 구별한다. 전자는 상속인과 피상속인 사이의 협동체 관계를 파괴한 부도덕 행위에 대한 제재인 반면, 후자는 유언에 따른 상속재산 취득 질서를 어지럽혀 위법하게 이익을 취하려는 부정행위에 대한 제재다.[8] 구하라법 청원은 여기에 여섯 번째 사유로 '직계존속 또는 직계비속에 대한 보호 내지 부양의무를 현저히 해태한 자'를 추가하자는 것이다.

10년 전, 불효자 막자는 취지에서 처음 논의

부양의무를 이행하지 않은 상속인에게 상속에서 불이익을 주어야 한다는 내용의 법안이 처음으로 논의된 건 18대 국회로 거슬러 올라간다. 법무부 가족법개정특별위원회는 2011년 6월, 부양의무를 중대하게 위반하는 때 등의 경우에 상속인의 상속권을 상실시킬 수 있게 하는 상속권상실선고제도를 마련했다.[9] 상속권상실선고제도란 일정한 사유가 있을 때 법률상 당연히 상속결격이 되는 것과 달리, 피상속인의 유언 또는 청구에 의해 상속권이 상실되도록 하는 제도다. 상속결격제도에 비해 피상속인의 의사를 존중하는 제도라고 할 수 있다.

흥미로운 건 당시 상속권상실선고제도를 도입하려고 한 배경이 구하라법과 같은 '파렴치 부모 방지'가 아니라 '불효자 방지'였다는 점이다. 민법에서 부양의무는 부모가 자식에 대해도 있지만, 자식이 부모에 대해, 부부 사이, 심지어 친족 사이에도 있다(민법 제974조). 유산을 노리고 부모를 죽인 자식은 상속결격자가 되는데(민법 제1004조 제1호), 부모를 학대하거나 부양을 외면하는 자식에게도 상속결격까진 못 미치더라도 불이익이 있어야 한다는 취지에서 이 제도가 추진되었다. 그러나 그 후 정부의 입법 절차가 이어지지 않아, 국회에 제출되지 못했다.

한편 같은 해 11월, 양승조 의원이 대표 발의한 민법 개정안은 "상속인이 될 자가 피상속인에 대하여 부양의무 이행의 악의적 회피, 학대, 유기, 모욕, 협박 등 그 밖에 심히 부당한 대우를 한 때" 고유 상속분의 50퍼센트를 감축하는 불이익을 주는 내용이었다. '상속인이 될 자'는 자식일 수도, 부모일 수도 있으나, 이 법안의 발의 배경도 부모가 아니라 자식이다.[10] 이 법안은 상임위에 상정조차 되지 못하고 묻혔다.

자식에서 부모로 관점이 바뀐 법안이 처음 제안된 건 19대 국회에서다. 자식과 오랫동안 단절되었던 부 또는 모가 세월호

참사로 사망한 자식의 보상금을 받는 게 문제가 되자 2015년 12월, 상속결격 사유 제6호로 '정당한 사유 없이 피상속인을 10년 이상 부양하지 아니한 자'를 신설하자는 내용의 민법 개정안이 발의됐다(박인숙 의원안). 그러나 이 역시 실질적인 심사로 나아가지 못한 채 임기 만료 폐기되었다.

20대 국회로 들어온 2019년 3월 비슷한 취지의 법안이 또 발의되었다(박대출 의원안). '피상속인의 직계존속으로서 피상속인에 대한 부양의무를 현저히 게을리한 자'를 상속결격 사유로 추가하는 내용이었다. '피상속인의 직계존속으로서'라고 한정해 자식은 배제하고 부모만 문제 삼았다. 그 후 2020년 4월 구하라법 청원이 국회 법사위에 접수되며 이 개정안도 함께 심사받았다.

법무부와 법원행정처는 구하라법에 반대 입장을 분명히 했다. 상속법 개정 필요성에는 공감하지만, 체계적이고 광범위한 검토가 필요하기에 신중해야 한다는 이유를 내세웠다. 현행 민법에서 상속결격자로 정한 다섯 가지 사유는 모두 그 문언상으로 의미가 명확한데, '부양의무를 현저히 해태한 자'라는 문구는 그렇지 않아 오히려 분쟁을 가져올 것이라고 우려했다.

상속결격 사유는 피상속인과 상속인, 즉 가족의 일이지만 피상속인(망자)에게 소극재산(빚)이 있다면 그 채권자의 문제이기도 한데, '부양의무를 현저히 해태한 자'라는 불분명한 문구로 법을 만들면 피상속인의 채권자인 제3자로서는 상속인 중

누가 부양의무를 현저히 해태해 상속결격이 되는지 알기 어렵고, 따라서 누구를 상대로 권리 행사를 해야 할지 알 수 없는 상황이 벌어질 수 있다는 것이다.[11] 신중론 분위기 속에 20대 국회가 임기를 종료하면서 구하라법도 폐기되었다.

구하라법이 공무원구하라법으로

그러나 이른바 '공무원 구하라' 사연이 알려지며 폐기된 구하라법이 다시 소환되었다. 응급구조사로 일한 서른네 살 공무원이 외상 후 스트레스 장애와 우울증을 겪던 중 2019년 1월 고향인 전북 전주에서 스스로 목숨을 끊었다. 그의 순직이 인정되어 법정상속인에게 순직가족보상금(일시금)과 매달 유족연금이 지급되었는데, 그 절반을 32년간 떨어져 살던 친모가 받아 논란이 일었다.[12] 그가 세 살 때 부모가 이혼한 후 친모와 전혀 교류가 없었는데 자식이 죽자 친모가 법에 따른 권리를 행사한 것이다.

그해 9월과 11월 공무원연금법과 공무원재해보상법 일부 개정안이 발의되어 2020년 12월 1일 두 법안이 나란히 국회를 통과했다. 개정 전 법에서는 '민법의 상속 순위에 따른 상속인'에게 공무원 사망 후 유족연금과 재해보상금을 지급하게 되어 있었는데, '유가족이 공무원이거나 공무원이었던 사람에 대하여 양육책임이 있음에도 이를 이행하지 않으면 그 유가족에게 급여의 전부 또는 일부를 지급하지 않을 수 있도록' 개정되었다. 양육책임을 이행했는지 기준은 시행령에서 규정하되, 개별 사안에 대해 심의위원회에서 판단하게 했다. 또한 기존에 유족연금을 받고 있더라도 양육책임을 이행하지 않으면 법 시행 이후 연금의 전부 혹은 일부 지급을 중단할 수 있도록 했다. 공무원 구하라 사건의 친모가 일시금으로 받은 순직가족보상금은 어쩔 수 없지만, 매달 지급되는 유족연금의 전부 또는 일부가 제한될 수 있게 법의 근거가 마련된 것이다.

왜 구하라법은 여론의 지지에도 불구하고 통과되지 않은 반면, 공무원구하라법은 서둘러 통과가 되었을까. 답은 구하라법이 민법 개정안이라는 점에서 찾을 수 있다. 민법은 민사 법률관계에서 가장 기본이 되는 법이기에 다른 법에 미치는 영향이 크다. 앞에서 언급했듯이 공무원연금법과 공무원재해보상법에서 민법의 상속 순위에 따른 상속인에게 유족연금과 재해보상금을 지급하도록 한 것이 수많은 사례 중 하나다. 그래서 민법을 개정할 때는 대개 법무부에 한시적인 민법개정위원회가 설치되어 그 분야 국내 최고 전문가들의 의견을 모아 정한다. 그만큼 시간이 오래 걸릴 수밖에 없다.

반면 공무원구하라법은 공무원이 순직했을 때 그 보상금과 유족연금을 지급하는 기준을 수정하는 것에 불과했다. 공무원연금법과 공무원재해보상법이 일부 바뀐다고 다른 법에 영향을 주지도 않는다. 몸집이 가벼운 법률이라 다루기가 쉽다는 뜻이다. 또한 구하라법 논의가 몇 달째 이어지며 양육책임을 다하지 않은 부모의 상속 제한이라는 화두에 우리 사회가 충분히 공감하게 되었다는 점도 유리하게 작용했을 것이다.

구하라법이 던진 질문

2021년 현재 21대 국회에는 구하라법의 연장선에 있는 민법 개정안이 여러 건 발의되어 있다. 더불어 법무부가 2021년 6월 상속권상실제도를 골자로 한 개정안도 제출했다. 정부안은 상속인이 될 사람이 피상속인에 대한 부양의무를 중대하게 위반하거나 피상속인 또는 그 배우자나 직계혈족에게 중대한 범죄행위나 학대 또는 심히 부당한 대우를 하는 경우에는 피상속인의 청구나 유언 등에 따라 가정법원이 상속권의 상실을 선고할 수 있도록 하는 등의 내용으로, 2011년 법무부가 검토한 안을 보완한 것이다. 10년 전 '불효자 방지법'으로 검토된 안이 10년 후 '파렴치 부모 방지법'으로 되살아났다는 점이 우리 사회의 가족 문제를 단적으로 보여주는 것 같아 씁쓸하기도 하다.

현실을 반영하지 못한 법이 시대와 어울리지 못하고 삐거덕거리는 소리는 오래전부터 들려왔다. 세월호 참사 이후 '자식

버린 부모의 파렴치한 상속' 사례가 잇따라 나왔을 때 대한변
호사협회 입법지원단이 국회 여성가족포럼을 통해 입법을 제
안하고, 법무부에 상속법개정위원회 설치를 촉구하기도 했지
만,[13] 현실화되지 않았다. 유명인의 가족사가 알려져 법의 부당
함을 비판하는 여론이 몰아친 뒤에야 국회와 법무부가 뒤늦게
고민을 시작했다.

부모의 자격이 없다면 상속의 자격도 없어야 할까. 안타깝게
세상을 떠난 이의 이름은 우리에게 이런 질문을 던진다. 여기
서 한 걸음 더 나아가면 보다 본질적인 질문으로 이어진다. 가
족 형태는 너무나 다양해졌는데 법은 흑백사진이 꽂힌 액자처
럼 고정되어 있지는 않은가. 질문의 답을 찾아가는 것은 남은
자들의 몫이다. 21대 국회에서 신중하고도 지혜롭게 답을 찾아
갈 수 있도록 지켜볼 일이다.

구하라가 법이 되기까지

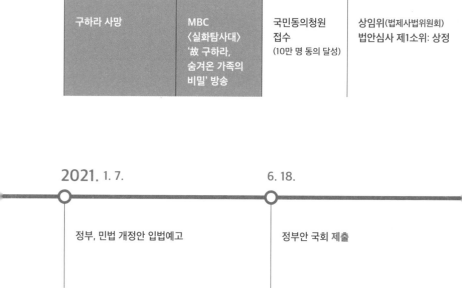

2019. 11. 24.   **2020.** 4. 2.   4. 3.   4. 29.

구하라 사망

MBC
〈실화탐사대〉
'故 구하라,
숨겨온 가족의
비밀' 방송

국민동의청원
접수
(10만 명 동의 달성)

상임위(법제사법위원회)
법안심사 제1소위: 상정

2021. 1. 7.   6. 18.

정부, 민법 개정안 입법예고

정부안 국회 제출

|| 5. 19. | 5. 29. | 6. 3. |

5. 19.
상임위 법안심사제1소위:
상정, 축조 심사

5. 29.
20대 국회
임기 만료 폐기

6. 3.
21대 국회에서
구하라법 취지 민법
일부개정안 첫 발의

민법 일부개정법률안[*]
(21대 국회에 제출된 정부안 중 일부)

제1004조의2(상속권 상실선고)

① 가정법원은 다음 각 호의 어느 하나에 해당하는 경우에는 피상속인의 청구에 따라 상속인이 될 사람의 상속권 상실을 선고할 수 있다.

  1. 상속인이 될 사람이 다음 각 목의 어느 하나에 해당하는 피상속인에 대한 부양의무를 중대하게 위반한 경우

    가. 부모의 미성년 자녀에 대한 부양의무
    나. 제826조에 따른 부양의무
    다. 제974조에 따른 부양의무

  2. 상속인이 될 사람이 피상속인 또는 그 배우자나 직계혈족에게 중대한 범죄행위를 한 경우

  3. 상속인이 될 사람이 피상속인 또는 그 배우자나 직계혈족을 학대하거나 그 밖에 심히 부당한 대우를 한 경우

② 피상속인이 제1항 각 호의 사유로 상속권 상실의 의사를 제1068조에 따른 공정증서에 의한 유언으로 표시한 경우에는 유언집행자가 제1항의 상속권 상실을 청구하는 소를 제기하여야 한다.

③ 피상속인의 배우자 또는 제1000조제1항 각 호에 해당하는 사람은 제1항 각 호의 사유가 있는 사람이 상속인이 되었음을 안 날부터 6개월 이내에 가정법원에 그 사람의 상속권 상실을 청구할 수 있다.

• 대한민국국회 의안정보시스템(의안번호 2110864)

④ 가정법원은 상속권 상실을 청구하는 원인이 된 제1항 각 호의 사유의 경위와 정도, 상속인과 피상속인의 관계, 상속재산의 규모와 형성 과정 및 그 밖의 사정을 종합적으로 고려하여 상속권 상실이 적당하지 아니하다고 인정하는 경우에는 제1항부터 제3항까지의 규정에 따른 청구를 기각할 수 있다.

⑤ 상속개시 후에 상속권 상실의 선고가 확정된 경우 그 선고를 받은 사람은 상속이 개시된 때에 소급하여 상속권을 상실한다. 다만, 이로써 해당 선고가 확정되기 전에 취득한 제3자의 권리를 해치지 못한다.

⑥ 가정법원은 제1항부터 제3항까지의 규정에 따른 상속권 상실의 청구를 받은 경우 이해관계인 또는 검사의 청구에 따라 상속재산관리인을 선임하거나 그 밖에 상속재산의 보존 및 관리에 필요한 처분을 명할 수 있다.

⑦ 가정법원이 제6항에 따라 상속재산관리인을 선임한 경우 상속재산관리인의 직무, 권한, 담보제공 및 보수 등에 관하여는 제24조부터 제26조까지의 규정을 준용한다.

제1004조의3(용서)

① 피상속인이 제1004조의2제1항 각 호에 따른 상속권 상실 사유에 대하여 상속인이 될 사람을 용서한 경우에는 해당 사유로 같은 조 제1항부터 제3항까지의 규정에 따른 상속권 상실의 선고를 청구하지 못하고, 같은 사유로 이미 상속권 상실이 선고된 경우에는 그 선고는 효력을 잃는다.

② 제1항의 용서는 공증인의 인증을 받은 서면으로 하거나 제1068조에 따른 공정증서에 의한 유언으로 하여야 한다.

어린이가
어른이 되려면

민식이법

'스쿨존'은 최소한의 공간이다.
어린이가 어른과 다른 시야를 가졌다는 이유로
자동차로부터 위협당하지 않을 공간.
어린이가 어른이 되려면 무엇보다도 살아남아야 하기 때문이다.

- 김소영, 《어린이라는 세계》

민식이

2011. 11. 18. ~ 2019. 9. 11.

충남 아산에서 김태양·박초희 부부의 첫아이로 태어났다. 부모의 애정을 한몸에 받는 아이였고, 두 동생에게는 의젓한 형이었다. 2019년 9월 11일 집 근처 어린이보호구역 내 횡단보도를 건너다 아홉 살의 나이에 교통사고로 숨졌다.

민식이법

민식이 사건을 계기로 만들어진 어린이보호구역 내 안전시설을 강화하는 도로교통법 개정 조항과 어린이보호구역 내 어린이 치사상 사고에 대해 가중처벌하는 '특정범죄 가중처벌 등에 관한 법률' 개정 조항을 말한다. 두 개정법은 모두 2019년 12월 10일 국회를 통과해 2020년 3월 25일 시행되었다.

◇ 법률 약칭 ◇

- **특정범죄 가중처벌 등에 관한 법률**: 특정범죄가중법
- **교통사고처리 특례법**: 교통사고처리법

연대의 힘이 지켜낸
어린이보호구역

2019년 9월 11일 저녁 6시 무렵, 아홉 살 민식이는 네 살 막내의 손을 꼭 잡고 횡단보도를 건넜다. 엄마아빠의 가게 바로 앞에 있는 횡단보도는 민식이가 하루에도 몇 번이나 건너는 익숙한 곳이었다. 어린이보호구역이라는 표지판 외에 신호등이나 다른 안전 유도 장치는 없었다. 횡단보도 앞에는 승용차 한 대가 좌회전하려고 대기 중이었는데 키가 작은 아이들은 그 차에 가려져 보이지 않았다. 그때 그 차의 반대편에서 SUV 한 대가 오고 있었다. 운전자는 당시 대부분의 운전자들처럼 횡단보도 앞 정지 의무를 지키지 않았다. 아이들은 달려오는 차를, 운전자는 아이들을 보지 못했다. 차는 두 아이를 치고 민식이를 역과한 뒤에야 멈춰 섰다. 막내는 바퀴 아래로 튕겨져 화를 면했지만, 민식이의 몸은 바퀴에 깔렸다. 육중한 차량의 무게를 아홉 살 아이는 도저히 이겨낼 수 없었다.

민식이 엄마 박초희 씨는 가게 안에서 '쿵'하는 소리를 들었다. 크고 둔탁한 그 소리가 모든 소음을 제압하며 정적이 흘렀다. 여섯 살 둘째가 놀라서 엄마를 쳐다보았다. 불길한 예감을 떨치며 박초희 씨가 밖으로 나왔을 때, 민식이는 차가운 횡단보도 위에서 사경을 헤매고 있었다.

민식이는 그해 교통사고로 숨진 28명의 어린이 중 한 명, 그 중에서도 어린이보호구역에서 사망한 여섯 명의 어린이 희생자 중 한 명이다.[1] 사고 직후엔 어떤 언론도 주목하지 않았지만, 이 사건은 어린이보호구역에 관한 법과 행정, 어린이를 대하는 사회의 태도까지 바꾸는 계기가 되었다.

어린이 보호 없는 어린이보호구역

발단은 어린이보호구역에 관한 부모의 문제의식이었다. 민식이 아빠 김태양 씨는 슬픔과 고통으로 무너지지 않기 위해 계속 질문했다. 그 사고를 막을 수는 없었을까. 초등학교에서 가까운 그 횡단보도는 평소 그의 아이들뿐 아니라 동네 아이들도 자주 지나다녔고, 어린이보호구역으로 지정되어 있었다. 그 동안 평범한 시민으로 살면서 법에 별 관심이 없었지만 내 아이가 끔찍한 사고를 당하자 어린이보호구역인데도 보호시설이나 장비가 전혀 없는 게 모순으로 보였다. 최소한 신호등이나 과속 단속 카메라라도 있었다면 운전자가 더욱 조심했을 것이고, 그랬다면 이런 사고까지는 나지 않았을 것 같다.

장례를 마친 후 2019년 10월 1일 억울하고 답답한 마음에 청와대 국민청원에 글을 올렸다. 어린이보호구역에 과속 단속 카메라 등을 의무적으로 설치하고, 어린이보호구역에서 어린이 사망 사고를 내면 무겁게 처벌할 필요가 있다고 호소했다. 그 글을 수천 장 출력해 이웃들에게 나눠주며 서명을 받고 국민청원에 동의해달라고 부탁했다. 민식이를 다시 살릴 수는 없지만 민식이의 두 동생과 다른 아이들을 보호해야 했다. 이 사건을 개인의 비극으로 끝낼 수 없는 이유였다.

아이를 잃고 생업을 접어둔 채 온 시내에 서명을 받으러 다니는 부모의 사연이 그 지역구(아산시 을) 강훈식 의원에게 전해졌다. 부모의 비판은 충분히 경청할 만했다. 어린이보호구역은 초등학교, 특수학교, 어린이집 등의 주변 도로에서 일어나는 교통사고의 위험으로부터 어린이를 보호하기 위해 1995년 도로교통법 관련 조항이 신설되면서 만들어졌는데, 구역 지정의 법적 근거가 되었을 뿐 안전장치 설치가 의무화되지는 않았다. 설치에 들어가는 재원이 국비와 지자체 예산 50 대 50으로 이루어져, 지자체가 예산에 여유가 없으면 어린이보호구역으로 지정해놓고도 어린이를 보호할 장치는 설치하지 않았다.

2016년 480건이던 어린이보호구역 내 어린이 교통사고 건

수는 2019년 567건으로 크게 증가했고, 그중 사망자는 같은 기간 여덟 명에서 여섯 명으로 다소 줄었지만, 부상자는 510명에서 589명으로 늘었다.[2] 2019년 국내 과속 단속 상위 85곳 중 22곳이 초등학교 인근이나 어린이보호구역이라는 통계도 있다.[3] 어린이보호구역이 그 이름에 걸맞게 신호등과 과속 단속 카메라 등 안전장치 설치를 의무화해서 실질적으로 어린이를 보호할 필요가 있었다.

한편 어린이보호구역에서 어린이보호의무를 위반해 어린이에게 상해를 입히는 행위는 중앙선 침범, 신호 위반 등과 같은 12대 중과실 중의 하나로 규정되어 처벌된다(5년 이하의 금고 또는 2천만원 이하의 벌금, 교통사고처리법 제3조 제1항, 제2항 단서 11호). 그런데 12대 중과실에 속하는 음주운전에 의한 사상 사고를 가중처벌하는 규정이 2007년 특정범죄가중법에 신설되었고, 2018년 윤창호 사건*으로 형량이 크게 상향되었다. 여론이 모인다면 어린이보호구역에서 주의 의무를 위반해 어린이 사망 사고를 냈을 때 같은 법률에서 가중처벌하는 규정도 가능할 것 같았다.

강훈식 의원은 그해 10월 어린이보호구역에 무인 교통 단속 장비 설치를 의무화하는 도로교통법 개정안과, 어린이보호구

---

* 2018년 9월 부산 해운대구에서 휴가 중이던 육군 병장 윤창호 씨(당시 22세)가 음주운전 차량에 치여 숨진 사건이 계기가 되어 만취 상태 등의 위험 운전으로 사람을 사망에 이르게 한 경우 법정형이 '1년 이상의 유기징역'에서 '무기 또는 3년 이상의 징역'으로 개정되었다(특정범죄가중법 제5조의11).

역에서 어린이보호의무를 위반해 어린이 사망 사고를 내면 가중처벌하는 특정범죄가중법 개정안을 발의했다. 며칠 차이로 이명수 의원(아산시 갑)도 비슷한 내용의 법률 개정안을 발의했다.

아이들의 이름으로

그 무렵, 교통사고로 어린 자녀를 잃은 같은 처지의 부모들이 중심이 되어 아이들의 이름을 딴 법안의 국회 통과를 호소하는 어린이생명안전법안입법운동이 막 시작되고 있었다. 하준이, 해인이, 태호와 유찬이 부모들이 시작한 운동에 민식이 부모가 합류하면서 이들이 함께 국회를 설득할 기회를 갖게 된다.

하준이(당시 4세)는 2017년 10월 가족 나들이로 서울랜드에 갔다가 경사진 주차장에서 사이드 브레이크를 걸지 않고 주차된 차가 미끄러지면서 그 차에 치여 숨졌다. 하준이 엄마 고유미 씨는 하준이가 잠든 추모관에서 하준이와 비슷한 사고로 숨진 해인이의 엄마를 만났다. 해인이(당시 4세)는 2016년 4월 용인의 한 어린이집에서 하원 차량을 기다리다 제동 장치가 풀려 굴러 내려온 차에 치였다. 어린이집 교사는 해인이에게 외상이 없다는 이유로 119를 바로 부르지 않았고 아이는 뒤늦게 병원에서 사망했다. 비슷한 아픔을 공유한 하준이 부모와 해인이 부모는 2019년 5월 뉴스를 보고 축구 클럽 차량을 타고 가다 운전기사의 부주의로 일어난 교통사고로 숨진 태호·유찬이(당시 초등학생) 사건을 알게 되었다. 태호·유찬이 사건에서는 축구 클럽 차량이 외관상으로는 노란색 어린이보호차량으로 보이지만, 법적으로는 도로교통법이 규정하는 어린이통학버스에 해당하지 않는 점이 문제가 되었다. 하준이, 해인이, 태호·유찬이의 이름을 딴 법안들은 각 사고 후 다 발의는 되었지만,* 어느 법안도 법안 심사 자리에 올라가지 못하고 있었다. 아이들의 부모들이 비영리 시민단체인 '정치하는 엄마들(이하 '정치하마')의 도움을 받아 아이들의 이름을 딴 법안 입법을 함께 시작할 무렵 민식이법이 발의되면서 민식이 사고가 뒤늦게 뉴스에 알려졌고, 자연스럽게 민식이 부모와도 연결되었다.

민식이 부모는 자신들처럼 교통사고로 아이를 잃은 부모들이 슬픔 속에만 갇혀 있지 않고 사고의 원인을 찾아 그 문제를 개선하기 위해 노력하고 있다는 것, 아이들의 죽음이 계기가 되어 발의된 법안이 여럿 있다는 사실에 큰 위로를 받았다. 하

* 하준이법은 하준이 사고를 계기로 2019년 7월 발의된 주차장법 개정안으로, 경사진 구역 내 설치된 주차장은 반드시 안전 설비를 갖추도록 하는 내용이다. 해인이법은 어린이가 위급하거나 위급할 우려가 있는 경우 누구나 어린이를 신속하게 응급의료기관으로 옮기도록 하는 내용 등을 담아 2016년 8월에 발의된 어린이안전기본법 제정안을 말한다(후에 '어린이안전 관리에 관한 법률' 제정안으로 바뀌었다). 태호·유찬이법은 체육시설 차량도 어린이통학버스에 포함시키자는 내용의 도로교통법 개정안과 '체육시설의 설치·이용에 관한 법률' 개정안을 말한다.

지만 그 법안들이 심하게는 몇 년째 국회에서 심사조차 되지 않고 있다는 사실에 안타깝고 걱정스러운 마음이 앞섰다. 재발 방지 약속은 말뿐이고, 발의된 법안들은 누구의 관심도 받지 못한 채 국회에서 잠자고 있는 상황이 다 똑같았다.

그해 10월 21일 부모들은 국회에서의 기자회견을 시작으로 어린이생명안전법안 통과를 호소하는 국민청원을 올리고 여러 인터뷰에 응하며 하준이법, 해인이법, 태호·유찬이법, 민식이 법에 대한 관심을 촉구했다. 11월에는 대통령이 직접 나와 국민의 질문에 답하는 MBC 〈국민이 묻는다〉 생중계 방송에 부모들이 국민 패널을 신청해 선정되었다. 부모들이 아이들의 영정 사진을 들고 나란히 앉은 모습은 사람들의 마음을 울렸다. 첫 번째 질문자로 민식이 부모가 선정되었다. 박초희 씨가 입을 열었다.

"오늘 이 자리에는 아이를 잃고 대한민국의 자라나는 아이들을 지켜달라고 외치는 태호, 해인이, 하준이 부모님이 와 있습니다. 아이들의 이름으로 법안을 만들었지만 단 하나의 법도 통과되지 못한 채 국회에 계류 중입니다. 스쿨존에서는 아이가 차량에 치여 사망하는 일이 없어야 하고 놀이공원 주차장에서는 차량이 미끄러져 사망하는 아이가 없어야 합니다. 아이가 다치면 빠른 조치가 당연한 사회, 아이가 타는 통학 차량, 등·하원 차량은 안전한 어린이통학버스이기를 바랍니다."[4]

부모들의 호소에 국민들이 공감했다. 어린이생명안전법안 통과를 바라는 국민청원은 20만 명을 훌쩍 넘어 무려 41만여 명의 동의를 받았다. 12월 정기 국회가 열리자 본격적으로 입법운동을 시작했다. 함께 입법운동을 하는 시민단체 정치하마에는 19대 국회에서 청년 비례대표로 국회의원을 지낸 장하나 활동가를 포함해 정치를 경험한 이들이 있었다. 그들이 전략을 짜면, 다른 회원들은 아이를 둔 부모에게 가장 귀중한 자원인 시간을 십시일반으로 내주었다. 국회의원 수대로 포스터를 만들어 보좌관들에게 건네고, 부모들과 함께 피켓을 들었다. 법안이 통과된다고 해서 아이들이 살아올 리 없고 부모들이 얻을 것도 전혀 없었지만, 아이들의 죽음이 헛되지 않길 바라는 마음, 다시는 이런 불행한 일이 있어서는 안 된다는 신념으로 함께 했다.

2019년 12월 10일, 민식이법과 하준이법이 먼저 국회를 통과했다. 해인이법은 어린이 안전을 총괄하는 행정부서를 어디로 해야 하는지, 태호·유찬이법은 어린이 통학 차량의 범위를 어디까지 해야 하는지의 문제로 법률안 심사에 시간이 더 필요했다. 아직 통과되지 않은 법의 부모들은 아이를 향한 미안함에, 먼저 통과된 법의 부모들은 다 같이 통과되지 못했다는 안타까움에 각자 힘든 시기를 보냈다. 다행히 2020년 4월 29일 해인이법과 태호·유찬이법도 통과되어 서로를 위로할 수 있었다.

비난의 상처를 딛고

민식이법에 가장 큰 힘이 된 여론은, 법안이 국회를 통과한
후 돌연 그 얼굴을 바꿔 민식이 부모에게 비수가 되어 꽂혔다.
민식이 사건의 가해자가 당초 유가족의 오해와 달리 제한 속도
이하로 운행한 사실이 드러나며 여론이 오히려 가해자를 동정
했다.[*] 또한 어린이보호구역에서 내 아이가 사고로 죽을 수도
있지만, 내가 미처 아이를 발견하지 못하고 실수로 사고를 낼
수도 있는데, 그 경우 민식이법에 따라 가중처벌을 받을 수 있
다는 불안이 부실·과잉 입법 논리와 접목되며 여론이 갑작스
레 등을 돌렸다.[**]

- 가해 차량에는 블랙박스가 없어 수사 초기에는 가해 차량의 속도를 알 수 없었
  다. 국립과학수사연구원이 다른 차량의 블랙박스에 찍힌 가해 차량의 운행 속도
  를 분석한 결과 시속 23.6킬로미터로 나왔다. 운전자는 사고 직후 민식이 할아
  버지에게 "시속 40~50킬로미터로 과속을 한 것 같다"라고 말했고, 민식이 부모
  는 그 말을 그대로 옮겼을 뿐인데 거짓말을 했다는 오해를 받았다. 한편 사고 운
  전자는 어린이보호구역에서 규정 속도는 지켰지만, 전방 주시 의무와 횡단보도
  에서 일시 정지 의무를 위반했으므로 어린이보호의무를 다하지 못한 과실이 있
  어 교통사고처리법 위반으로 기소되어 2020년 4월 1심에서 금고 2년형을 선고
  받아 그 형이 확정되었다(교통사고가 민식이법 시행 전에 일어난 사건이므로 개정된 특
  정범죄가중법이 적용될 여지가 없었다).
- 개정안이 국회를 통과하기까지 민식이법에 부정적인 청와대 국민청원은 2019년
  12월 9일 접수된 "스쿨존 어린이 보행 사망 사고 근원적 개선 촉구 청원" 단 한
  건 뿐이었고, 동의 수도 500명을 넘지 못했다. 그러나 법안이 국회를 통과한 다
  음 날인 12월 11일부터 법 개정 혹은 폐지 청원이 여러 건 올라왔고, 동의자 수
  도 몇 천 명에서 1만 명 이상으로 점진적으로 증가했다. 그러다 법 시행(2020. 3.
  25.) 직전인 2020년 3월 23일에 접수된 "민식이법 개정을 청원합니다"라는 청
  원에는 35만 명 이상이 동의해 정점을 이루었다.

그러나 이 법 자체의 허술함이나 개정 과정에서의 문제는 차치하고, 법이 개정되는 계기가 되었을 뿐인 민식이 부모에게만 모든 비난이 쏟아진다는 건 참 이상한 일이었다. 한때 박초희 씨는 심한 우울증으로 평범한 하루를 보내는 것조차 힘들었다.

"아이의 죽음이 헛되질 않길 바라는 마음에서 시작한 일이 이런 결과를 낳을 줄 몰랐습니다. 한때 우리 가족은 모든 걸 잃었습니다. 아내는 심한 우울증으로 평범한 하루를 보내는 것조차 힘들어했고요."

김태양 씨는 법 개정 이후의 삶에 대해 담담하지만 씁쓸하게 말했다. 시간이 지나면서 이 가족도 조금씩 회복되고 있다. 부부를 살린 건 함께한 정치하마의 연대와 세상에는 없지만 마음엔 늘 살아 있는 아이였다. 박초희 씨는 정치하마 '언니들'*이었다.

"그동안 내 새끼만 중했어요. 그런데 정치하마 와서 그렇지 않다는 걸 많이 배웠어요. 심한 악플에 시달릴 때도 언니들이 많이 도

• '언니'라는 호칭은 지금은 손아래 여성이 손위 여성을 친근하게 부르는 말로 쓰이지만, 조선 시대에는 동성의 손위 형제를 언니라고 불렸다는 이야기가 있다 (2010년 인기리에 방영된 드라마 〈추노〉에서는 신체 건강한 남자 노비들이 서로를 언니라 불렀다). 정치하마에서는 성별(정치하마는 생물학적 '엄마'뿐만 아니라 돌봄과 살림에 관심 있는 미혼 여성, 삼촌, 아빠, 할아버지 같은 남자 회원도 있다), 연령, 직책에 관계없이 모두 '언니'라고 부른다. 서로를 평등하게 대하기 위해서다. – 정치하는엄마들, 《정치하는 엄마가 이긴다》, 생각의 힘, 2018, 71쪽.

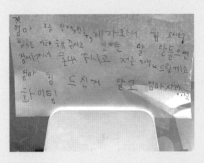

엄마, 오늘 ○○(둘째), ◎◎(막내), 제가 와서 힘드시죠? ○○는 이해해주시고, ◎◎는 말 안 들으면 집에 가서 혼내주시고 저는 엄마를 도와드릴게요. 엄마 힘드신 거 알고 엄마 사랑하고 파이팅.

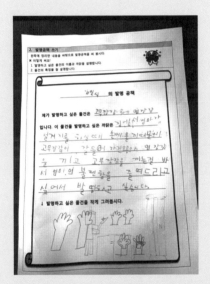

제가 발명하고 싶은 것은 고무장갑 속에 면장갑입니다. 이 물건을 발명하고 싶은 까닭은 집에서 엄마가 설거지를 하실 때 손에 물기 때문에 고무장갑이 잘 들어가지 않아 면장갑을 끼고 고무장갑을 끼는 걸 봐서 엄마의 불편함을 줄여드리고 싶어서 발명하고 싶습니다.

-민식이가 남긴 글들, 박초희 씨 제공.

와줬고요. 여기까지 올 수 있었던 건 모두 언니들 덕분이에요."

  긴 우울의 터널을 조금씩 빠져 나오고 있는 박초희 씨는 이 모든 일의 시작이 된 민식이, 엄마를 늘 생각한 아들을 생각하며 힘을 낸다. 두 동생의 형인 민식이는 또래보다 의젓했다. 밤 늦게까지 치킨집을 운영하는 엄마를 특히 애틋하게 여겼다. 용돈으로 붕어빵을 사 먹을 땐 엄마 몫을 먼저 떼어놓고 그게 식을까 봐 외투 안에 넣고 뛰어오던 아이였다.

  아이의 흔적이 남은 쪽지와 공책, 사진은 민식이 방에 그대로 있다. 박초희 씨는 많은 논란에도 불구하고 민식이법을 통해 어린이보호구역에서의 어린이보호의무에 대해 시민들의 경각심이 크게 높아진 것, 어린이보호구역에서 어린이가 다치거나 사망하면 여러 매체에서 주요 뉴스로 다루는 것, 정부와 지자체가 법 집행에 적극적인 태도를 보이는 것, 그 모두를 민식이의 선물로 여긴다. 언젠가 민식이의 동생들이 '우리 형아법'이라고 자랑스럽게 말할 날이 오기를 기다린다.

상정부터 통과까지
단 8분

사람 이름을 딴 법에는 장단점이 있다. 특정 사건에 느끼는 안타까움이 커서 공감대가 빨리 형성되므로 상대적으로 쉽게 법 개정이 될 수 있고, 딱딱하고 긴 정식 법률명 대신 누군가의 이름으로 부르면 간명하기도 하다. 하지만 단시간에 형성된 여론의 압박으로 국회가 심사에 소홀할 수 있고, 법 개정의 계기가 된 이들의 사생활이 과하게 파헤쳐지거나 이용되는 부작용이 생길 수도 있다. 민식이법이 그랬다. 특정범죄가중법에 대한 비판이 유가족을 향한 과도한 비난이 되어 그들의 삶을 할퀴었다. 민식이법을 이야기해야 하는 건 사람 이름으로 불리는 법을 대하는 우리의 이중적인 태도가 고스란히 드러나 있기 때문이다.

일반적으로 알려진 것과 달리, 어린이보호구역에 신호등, 과속 단속 카메라 등 안전장치 설치를 강화하는 내용의 법안은 민식이 사건 이후에 처음 발의된 것이 아니다. 아이가 차에 치이는 그 순간에도 비슷한 법안들이 여덟 개나 국회에 계류되어 있었다.[5] 아무 관심도 받지 못한 채 묻혔던 법안들이 민식이 사건이 널리 알려진 2019년 11월 21일에야 법안심사소위에 올라갔다.[6]

급하게 열리긴 했지만 행정안전위원회의 법안 심사는 비교적 탄탄하게 이루어진 것으로 보인다. 41분, 회의록 7쪽 분량을 오롯이 썼다. 관련 조문과의 연관성을 살피고, 안전장치의 종류와 장단점에 대해서도 심사가 이어졌다. 예산이 뒷받침되어야 하는 법안인 만큼 예산의 규모, 연차별 추진 계획에 대해 정보가 공유되었다.[7] 신속한 심사라도 큰 무리가 없었다. 6일 후 열린 행정안전위원회 전체회의에서 법안이 가결되었다.[8]

절차까지 어긴 부실 심사

도로교통법 개정안과 달리 어린이보호구역에서 주의 의무를 위반해 어린이 사상 사고를 내면 가중처벌하는 내용의 특정범죄가중법 개정안은 민식이 사건을 계기로 처음 발의되었다.

교통사고 관련 형사 기본법인 교통사고처리법은 다른 형사법과 달리 기본적으로 가해자의 형사 책임을 되도록 묻지 않기 위해 만든 법이다. 자동차가 보편적인 교통수단인 만큼 사고는 불가피하게 발생하게 마련이고, 교통사고는 대개 고의가 아닌 과실이므로 교통사고로 인한 손해는 민사로 신속히 해결하고 형사처벌은 자제한다는 취지다.[9] 그래서 교통사고 중에서도 과실이 아닌 고의로 저지른 범죄들 중 비난 가능성이 큰 범죄만 특정범죄가중법으로 편입되었는데, 이른바 뺑소니라 불리는 사고 후 도주 차량(피해자가 사망한 경우 '무기 또는 3년 이상의 징역'), 음주 등 약물운전 위험의 경우(피해자가 사망한 경우 '무기 또는 3년 이상의 징역')였다.

문제는 민식이법에서는 과실범이어도 고의범과 같은 수준으로 처벌한다는 점이다. 강훈식 의원안은 어린이 사망 사고가 났을 때 무기 또는 징역 3년 이상에 처한다는 내용이고, 이명수 의원안은 사망 시 외에 상해 시(1년 이상의 유기 징역 또는 500만 원 이상 3천만원 이하의 벌금) 처벌 규정도 포함했다. 국회 전문위원*이 법무부와 상의해서 '사망 시에는 무기 또는 3년 이상의 유기, 상해 시에는 1년 이상 15년 이하의 유기징역 또는 500만 원 이상 3천만원 이하의 벌금'으로 하는 수정안을 준비하면서 검토보고서에 다음과 같이 썼다.[10]

법정형과 관련하여, 특정범죄가중법 제5조의3 및 제5조의11에 각

• 상임위원회의 입법 활동을 보좌하는 국가공무원으로, 소관 안건에 대한 검토보고 및 자료의 수집·조사·연구 등을 하며, 의사 진행을 보좌한다.

각 규정된 교통사고 후 도주죄 및 위험운전치사상죄의 법정형과 유사하게 규정된 것으로 보이는바, 유사 범죄의 각 법정형과 균형을 이루는지 죄질과 비난 가능성 등을 고려하여 입법정책적으로 결정할 필요가 있는 것으로 사료됨.

"입법정책적으로 결정한다"는 말은 국회가 정하기 나름이라는 뜻이다. 어느 정도의 형벌이 적정한지 정하기 위해서는 당연히 충분한 토론이 필요했다. 그러나 그 과정이 생략되었다. 민식이법을 둘러싼 논란의 원인은 특정범죄가중법 소관위인 법사위의 부실 심사에 있다.

무엇보다 절차가 적법하지 않았다. 법안이 상정되면 상임위 전체회의에서 '제안설명 → 검토보고 → 대체토론'*을 한 뒤 법안심사소위에 회부된다. 제안설명은 대개 서면으로 대체되고, 전문위원의 검토보고는 미리 작성해 배포된 검토보고서를 요약해서 말하는 수준이며, 전체회의에서 대체토론은 거의 하지 않는 편이다. 실질적인 심사는 소수의 의원이 머리를

---

* 제안설명은 본 제안 이유와 주요 내용에 대해 제안자로부터 설명을 듣는 것을 말한다. 구두로 설명하는 경우도 있지만, 시간 관계상 대부분 서면 설명으로 진행된다. 검토보고란 전문위원이 안건의 제안 이유, 문제점, 개선 방안 및 그밖에 필요한 사항을 조사·검토해 보고하게 하는 것을 말한다. 특별한 사정이 없는 한 해당 안건의 위원회 상정일 48시간 전까지 검토보고서가 소속 위원에게 배부되어야 한다. 대체토론은 안건에 대한 전반적인 문제점과 당부當否에 관한 일반적 의견을 제시하는 것을 말한다.

맞댄 법안심사소위에서 이루어진다. 소위를 통과한 법안은 다시 상임위 전체회의로 와서 의결 과정을 거친다. 그런데 법사위는 특정범죄가중법 개정안을 법안심사소위에 아예 보내지 않았다.

국회법에는 "상임위원회는 안건을 심사할 때 소위원회에 회부하여 이를 심사 보고하도록 한다(제58조 제2항)"고 되어 있고 예외 규정이 없다. 그럼에도 법사위가 법안심사소위를 생략한 이유는 상정 자체를 늦게 해서 소위를 개최할 시간이 부족했기 때문이다. 법사위 전체회의가 열린 날은 국회 본회의가 예정된 11월 29일이었다(다만 야당의 필리버스터로 12월 10일에야 열렸다). 뒤늦게 개정안 가결 방침을 내부에서 조율했는데 바로 그날 국회 본회의로 법안을 보내야 하니 할 수 없이 전체회의에서 일사천리로 처리한 것이다.

심사도 형식적이었다. 법사위 회의가 열린 시각은 오후 1시 42분, 개정안이 가결된 시각은 1시 50분이다.[11] 개정안이 법사위에 상정되어 제안설명, 전문위원의 검토보고, 대체토론을 거쳐 가결되기까지 걸린 시간은 단 8분이다. 20대 국회 법안심사소위에서 법안 한 건당 들인 평균 심사 시간은 13분이다.[12] 이 13분은 법안심사소위에서의 평균 심사 시간이므로 전체회의에서 이루어지는 제안설명, 전문위원의 검토보고, 대체토론을 포함하지 않는다. 게다가 특정범죄가중법은 '예외적이고도 특별한' 입법 형식이므로 더 신중히 심사해야 한다.[13] 그럼에도 보통 법안 심사에 걸리는 시간보다 훨씬 짧은 시간에 처리해버린 것이다.

법사위 회의에서 이 법안들에 유일하게 의문을 제기한 이는 금태섭 의원이었다.

금태섭 위원

차관님, 중요한 문제는 아닐 수 있는데 지금 이게 징역형으로 되어 있지 않습니까?

법무부장관직무대행 김오수

예, 그렇습니다.

금태섭 위원

그런데 교특법*도 금고형**으로 되어 있고 업무상 과실치사상도 다 금고형으로 되어 있는데 이게 징역형으로 되어 있는 이유가 있습니까?

---

* 법조계에서는 교통사고처리법과 특정범죄가중법을 줄여서 흔히 교특법, 특가법으로 부른다.
** 징역과 금고는 구금이라는 점에서는 같지만 징역은 구금 기간 동안 노역을 하고, 금고는 하지 않는다는 점에서 다르다. 형의 경중에서 금고는 징역보다 낮은 형이다(형법 제41조, 제50조).

법무부장관직무대행 김오수

특가법인 경우는 통상 징역형으로 하고 있어서 특가법에서 금고형을 따로 하기에는 조금 그런 걸 고려했습니다.

금태섭 위원

아니, 그런데 특가법이라는 것은 도주 같은 고의범이고 과실범은 다 금고형으로 하고 있지 않나요?

법무부장관직무대행 김오수

여기는 어린이 구역에서 특별하게 보호를 하자는 차원이어서 금고보다는 징역형 정도로 해서 어린이를 좀 더 강하게 보호하자 이런 의지를 보이는 것도 나쁘지 않은 것 같습니다.[14]

금 의원은 "그게 맞나 싶은데……"라고 하다가 더 언급하지 않았고, 토론은 그것으로 끝이었다. 법사위를 통과한 법안은 같은 날 야당이 상정된 모든 안건에 대해 필리버스터를 신청하면서 잠시 멈춰야 했지만, 필리버스터가 풀린 12월 10일 별다른 논의 없이 본회의에서 통과되었다(도로교통법 개정안은 재석의원 242인 중 찬성 239인, 기권 3인, 특정범죄가중법 개정안은 재석의원 227명 중 찬성 219명, 반대 2명, 기권 6명).

언론의 뒷북 비판

국회가 졸속 심사로 문제의 원인을 제공했다면 언론과 전문가들은 '뒷북'으로 문제를 더 키웠다. 법이 통과되기 전까지 개정안의 법정형과 절차 위반, 졸속 심사에 대해 언급한 보도는 거의 없었다. '마침내'라는 부사까지 쓰며 민식이법을 환영한 언론은 뒤늦게 특정범죄가중법 개정을 비판했다. 입법 과정이 초스피드였다는 점, 법안이 상임위에 상정되면 법안심사소위로 일단 넘겨 심사하는 관행과 달리 특정범죄가중법은 상정한 그날 전체회의에서 곧바로 가결했다는 점, 토론이 부실했다는 점도 그제야 보도됐다.[15] 과잉 형벌을 우려하는 법률 전문가들의 의견이 나온 것 역시 법 시행 이후였다.[16] 여론의 온도가 입법 전후로 달라진 건 당연했다.

특정범죄가중법이 과잉 형벌이냐 아니냐에 관해서는 논란이 있을 수 있다.[17] 문제의 핵심은 국회에서 절차를 위반했고, 법안 심사 때 예상 가능한 문제를 전혀 고려하지 않았다는 점이다. 그 결과는 유가족을 향한 여론의 가혹한 비난, 불필요한 논쟁으로 이어졌다. 어쩌면 우리는 과실범의 가중처벌 규정을 비판하기 위해서 가장 손쉬운 상대를 고른 것이 아닐까.

"그 법이 아이의 분신과도 같았던 거예요"

정치하는 엄마들, 시민단체

2017년 6월 결성된 비영리 단체 '정치하는 엄마들'은 당사자 정치를 내걸고 운동을 한다. 대한민국에서 엄마로서 겪는 불합리와 모순을 '엄마들'보다 잘 아는 이들은 없기에 스스로가 나서야 한다고 조직된 단체다. 회원이 700명 정도에 불과한 작은 단체가 20대 국회에서 민식이법, 하준이법, 해인이법, 태호·유찬이법을 통과시키는 성과를 거두었다. 정치하마 사무실에서 장하나 활동가를 포함해 다섯 명의 회원을 만났다. 이들이 법을 통과시킨 힘은 무엇이었을까.

"어린이들을 보호하자는 이런 법안들은 발의만 되지, 사실 국회의원들이 별로 신경 안 씁니다. 해인이법 보세요. 4년 동안 아무런 논의를 하지 않았잖아요. 국회의원들은 언론에 자기 이름 한 번이라도 더 나오는 게 중요하지, 국회 앞에서 아무리 시위해도 쳐다보지도 않아요. 하지만 부모들은 절박한 거예요. 이 법을 통과시켜야 한다는 마음이 정말 컸어요. 결국 부모들이 해낸 것이죠."

"아이 이름 붙인 법안이 부모님들의 사는 이유이자 꺼지지 않는 동력이었던 것 같아요. 아이 잃은 상처를 갖고 사는 것도 힘든데 그 상처를 다 공개하고 입법 과정 따라가는 거, 그 정신적 고통은 말도 할 수 없어요. 그런데 법안이 통과되지 않고 임기 만료 폐기된다면 먼저 간 아이한테 너무 미안하니까, 그 법안이 아이 분신과도 같던 거예요. 아이 이름 딴 법안이 통과된다고 당사자들한테 무슨 이익이 있겠어요? 그럼에도 생업을 팽개치면서 국회에 살다시피 하면서 입법운동을 한 거죠. 그런 비극이 다시는 없어야 한다고."

부모들이 직접적인 당사자였다면, 정치하마 회원들은 확장된 당사자들이었다.

"피해자 가족만 해서는 안 돼요. 국회의원도 쳐다보지 않지만 기자들도 마찬가지예요. 언론의 눈길을 끌어야 보도되고 언론에 국회의원 이름이 나와야 의원들이 관심을 가지니 여럿이 같이 가서 같은 옷 입고 피켓도 들고 의원실에 설문지도 돌리고…… 어린이생명안전법안 포스터 300개 찍어서 의원실마다 돌렸어요.

방을 다 돌면서 서명받으면서 의원들, 보좌관들에게 굽신굽신 '잘 부탁한다'고 인사하고. 그걸 부모들과 함께한 거죠."

"피해자 부모들이 아이들 이름을 딴 법안으로 나서주는 게 고맙더라고요. 그 법안들 통과되고 법과 제도들 정비되면 결국 저희 아이들도 더 안전해지는 것이니까요. 그래서 제가 할 수 있는 일을 조금이라도 해야겠다 싶어서 육아에 살림에 바쁘지만 없는 짬을 만들어 국회에 왔다 갔다 한 거죠."

"좋은 법안이 올라왔다고 자동적으로 통과되지 않아요. 법안 심사에 나아가도록 할 수 있는 모든 압박을 동원하는 거죠. 상임위 간사 의원 방 찾아가서 몇 시간이고 기다리는 거예요. 기다리다 결국 못 만나고 간 적도 부지기수예요. 국회에 다른 큰 이슈가 있을 때 더 그렇죠. 다들 그 이슈에 매달리느라 이런 작은 법안들은 관심을 받기 어려우니까요. 어떨 땐 새벽 3시까지 기다리기도 했어요."

법을 통과시킨 소감을 물으니 예상 외의 답변이 돌아왔다. 그 과정에서 느낀 건 성취감이 아니라 좌절감이라는 것이다.

"국회의원들이 '이 법이 정말 필요한 법이냐' 이런 데는 관심이 없더라고요. 자기들 이름이 그 법안과 연관되어 기사가 뜨면 그

때서야 관심을 갖는 거예요. 상임위 회의실 앞에서 부모들이 '어린이생명안전법안 통과시켜주세요' 할 때 한 의원이 지나가면서 '살펴볼게요' 하는 장면이 방송에 찍혀서 언론에 나오면 그제야 그 법안에 관심을 갖는 식이죠. 국회의원이 법안 내용이 아니라 자기 자신에 대해 더 관심을 갖는 걸 보고 많이 실망했죠."

"저희가 국회의원을 뽑잖아요. 그런데 국회에 가니까 의원들이 국민의 상전이더라고요. 의원들이 선거운동 할 때만 우리를 사람 취급한다는 걸 이번에 국회 가서 절실히 깨달았어요."

쓴웃음이 났지만, 국회에서 느낀 좌절감은 정치하마의 당사자 정치 의지를 더 불태웠다. 정치인들이 알아서 모든 소외 계층을 대변한다면 모를까, 당사자 정치가 여전히 필요하다는 걸 새삼 깨닫게 해준 좌절감인 셈이다. 정치하마는 행동하는 것만이 답이라는 걸 믿는다. 아이 키우는 양육자를 진정으로 대변하는 국회의원이 없기에 당사자 스스로의 목소리가 필요하다는 것, 혼자서는 어렵지만 함께 목소리를 모으면 놀라운 힘이 생긴다는 것을 정치하마는 경험으로 안다.

민식이법 이후 어린이보호구역에 대한 행정과 사회 인식이 달라졌다. 일단 정부가 목표를 정하고 예산을 투입했다. 행정안전부 등 관련 부처에서는 2020년 3월, 2022년까지 어린이보호구역 내 어린이 사망자 수를 0으로 줄이고 전체 어린이 교통사고 사망자 수를 어린이 인구 10만 명당 1.1명 이하로 낮춘다는 목표 아래 어린이보호구역 내 안전시설 설치, 불법 노상 주차장 폐지, 어린이보호구역 내 주정차 위반 차량의 범칙금·과태료 상향 조정 등의 계획을 제시했고 이를 단계적으로 시행하고 있다.[18] 이에 따라 지자체도 어린이보호구역 내 무단 정차와 불법 주차 단속을 강화하고, 모바일을 통한 불법주정차주민신고제 도를 도입했다. 법 시행 이후 어린이보호구역에서 발생한 어린이 사상 사고가 주요 뉴스로 보도된다는 점도 전과 크게 달라진 점이다. 시민들 인식이 높아지면서 직접적인 가해자뿐 아니라 사문화되다시피 한 '횡단보도 앞 일시 정지'를 어긴 운전자들에게도 과태료가 부과된 사례도 있다.*

"당연한 말이지만 결국 우리 모두가 바뀌어야 되겠죠. 불법 주차 단속에 대해서 '주차 못하게 하면 손님이 안 온다'라는 식의 인식이 결국 안전을 막는 거잖아요. 우리 사회의 인식을 바꾸기 위해 무엇보다 제도적으로 속도나 효율보다 안전에 투자하도록 정치인을 설득하는 거, 그걸 누가 하느냐, 우리가 같이 해야죠. 혼자는 못해도 함께하면 힘이 생기니까요."

* 2020년 11월 광주 북구 운암동에서 신호등이 없는 어린이보호구역 내 횡단보도를 건너던 일가족 네 명이 화물차에 치여 그중 세 명이 사망한 사고와 관련하여, 경찰은 당시 횡단보도 앞에서 일시 정지를 하지 않은 운전자 세 명과 주정차한 운전자 한 명에게 과태료를 부과했다. 사고 당시 피해자들은 맞은편 도로에서 정지하지 않은 차량들로 인해 횡단보도에서 잠시 멈춰 섰다가 변을 당했다.

민식이가 법이 되기까지

	2016. 6.	11. 7.	2019. 9.	11. 10.	11. 11.
도로교통법	20대 국회에서 첫 발의	상임위 (행정안전위원회) 전체회의: 상정~소위 회부		추가 발의	
특정범죄가중법			민식이 사망	발의	어린이교통 안전법안 통과촉구 국민청원 게시

11. 19.	11. 21.	11. 27.	11. 29.	12. 10.	12. 24.	2020. 3. 25.
MBC 〈국민이 묻는다〉 방송	법안심사소위: 의결(대안)	상임위 전체회의: 의결(대안)	법사위 체계· 자구 심사: 의결	본회의 통과	공포	시행
			상임위 (법제사법위원회) 전체회의: 상정~의결 (대안)			

도로교통법
(법률 제16830호, 2019. 12. 24, 일부개정)

제12조(어린이보호구역의 지정 및 관리)

① 시장등은 교통사고의 위험으로부터 어린이를 보호하기 위하여 필요하다고 인정하는 경우에는 다음 각 호의 어느 하나에 해당하는 시설의 주변 도로 가운데 일정 구간을 어린이보호구역으로 지정하여 자동차등과 노면전차의 통행속도를 시속 30킬로미터 이내로 제한할 수 있다.

③ 차마 또는 노면전차의 운전자는 어린이보호구역에서 제1항에 따른 조치를 준수하고 어린이의 안전에 유의하면서 운행하여야 한다.

④ 지방경찰청장, 경찰서장 또는 시장등은 제3항을 위반하는 행위 등의 단속을 위하여 어린이보호구역의 도로 중에서 행정안전부령으로 정하는 곳에 우선적으로 제4조의2에 따른 무인 교통단속용 장비를 설치하여야 한다. (신설 2019. 12. 24.)

⑤ 시장 등은 제1항에 따라 지정한 어린이보호구역에 어린이의 안전을 위하여 다음 각 호에 따른 시설 또는 장비를 우선적으로 설치하거나 관할 도로관리청에 해당 시설 또는 장비의 설치를 요청하여야 한다. (신설 2019. 12. 24.)

1. 어린이보호구역으로 지정한 시설의 주 출입문과 가장 가까운 거리에 있는 간선도로상 횡단보도의 신호기.
2. 속도 제한 및 횡단보도에 관한 안전표지.
3. 도로법 제2조제2호에 따른 도로의 부속물 중 과속방지시설 및 차마의 미끄럼을 방지하기 위한 시설.
4. 그 밖에 교육부, 행정안전부 및 국토교통부의 공동부령으로 정하는 시설 또는 장비.

특정범죄 가중처벌 등에 관한 법률
(법률 제16829호, 2019. 12. 24, 일부개정)

제5조의13(어린이보호구역에서 어린이 치사상의 가중처벌) 자동차(원동기 장치 자전거를 포함한다)의 운전자가 도로교통법 제12조제3항에 따른 어린이보호구역에서 같은 조 제1항에 따른 조치를 준수하고 어린이의 안전에 유의하면서 운전하여야 할 의무를 위반하여 어린이(13세 미만인 사람을 말한다. 이하 같다)에게 『교통사고처리 특례법』 제3조제1항의 죄를 범한 경우에는 다음 각 호의 구분에 따라 가중처벌한다.

1. 어린이를 사망에 이르게 한 경우에는 무기 또는 3년 이상의 징역에 처한다.
2. 어린이를 상해에 이르게 한 경우에는 1년 이상 15년 이하의 징역 또는 500만원 이상 3천만원 이하의 벌금에 처한다. (본조 신설 2019. 12. 24.)

'아픈 사람'이 '나쁜 사람'이 되지 않게

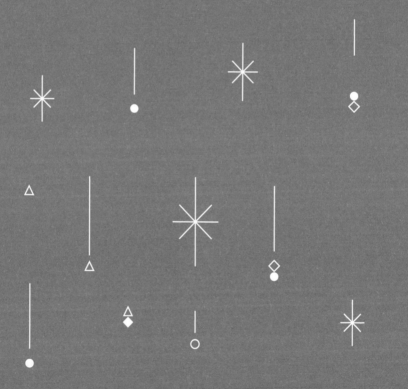

임세원법

힘겨워하는 사람들을 비난하기보다
그들의 회복을 응원하고 아픔을 이해할 수 있는 사람들이
우리 사회에 더 많이 생기기를 간절히 바란다.
그럴 수 있다면 우리는 함께 같은 시대를 살고 있는 사람들의 존재,
그 자체에서 희망의 근거들을 발견하게 될 것이다.

-임세원,《죽고 싶은 사람은 없다》

임세원

1971. 8. 1.~2018. 12. 31.

성균관대학교 의과대학 교수이자 강북삼성병원 정신건강의학과 전문의로 일했다. 우울증과 불안 장애를 주제로 100여 편의 학술 논문을 국내외 학술지에 게재하는 등 활발한 연구 활동을 했고, 학술지《Anxiety and Mood》의 편집위원장을 지냈다. 강북삼성병원 기업정신건강연구소 부소장으로서 직장인의 우울증과 스트레스를 과학적으로 평가하고 개선하는 데 핵심 역할을 했고, 한국자살예방협회 교육위원장으로서 한국형 표준자살예방교육 프로그램 '보고듣고말하기' 개발에 헌신했다. 갑작스런 허리 통증과 그로 인한 우울증을 앓으며 자살까지 생각한 경험을 진솔하게 써 내려간《죽고 싶은 사람은 없다》라는 책으로 우울증 환자들에게 희망과 용기를 전하기도 했다. 2018년 12월 31일 진료 중 환자의 공격을 받아 사망했다. 급박한 피살의 위협에도 주위에 적극적으로 위험을 알리는 등 타인에 대한 구조 행위를 해 의사자義死者로 인정받았다.

임세원법

임세원의 유가족이 '안전한 진료 환경과 정신건강 치료 지원'을 당부한 것이 계기가 되어 개정된 의료법 및 '정신건강증진 및 정신질환자 복지 서비스 지원에 관한 법률'을 일컫는다. 의료법은 의료 행위가 이루어지는 장소에서 의료 행위를 하는 의료인 등에 대한 폭행으로 상해, 중상해 또는 사망의 결과가 발생한 경우 가중처벌하는 내용과 의료기관 개설자의 안전·보안 조치 의무를 담았다. 정신건강복지법은 자·타해 위험이 있는 환자가 퇴원할 때 외래치료 지원 및 지역정신건강복지센터 사례 관리를 강화하는 내용 등으로 개정되었다. 두 법 모두 2019년 4월 5일 국회를 통과해 2019년 10월 24일 시행되었다.

◇ 법률 약칭 ◇

- **정신건강증진 및 정신질환자 복지서비스 지원에 관한 법률:** 정신건강복지법

순순히 어둠을
받아들이지 마오

2018년 12월 31일 늦은 오후, 한 해의 마지막 날이니 일찍 퇴근할 만도 했지만 임세원은 늘 그랬듯 강북삼성병원 3층 13번 방에서 진료를 했다. 오후 5시 39분 진료실로 환자가 들어왔다. 예약도 없이 당일 접수한 환자였지만, 임세원은 거절하지 않았다. 기록을 보니 2015년 9월에 '공격성과 망상을 동반한 양극성 정동장애'(조울증)로 이 병원에 입원한 뒤 20일 만에 퇴원했다. 그 후 진료 받으러 온 게 이 날이 처음이었다.

임세원은 환자가 오랜만에 스스로 찾아왔다는 사실이 무엇보다 반가웠을 것이다. 한편으론 그동안 어떻게 지냈는지, 다른 곳에서 치료를 받았는지 궁금하기도 했을 테고, 혹시 재발되었다면 다시 치료를 시작하자고 설득할 마음도 있었을 것이다.[1] 하지만 환자는 진료를 받을 마음이 전혀 없었다. 다짜고짜 지금 당장 머릿속 폭탄을 제거해달라고 했다. 3년 전 강제 입원 때 당신이 국가와 삼성과 짜고 머리에 폭탄을 심어 자신을 제3차 세계대전의 주범으로 만든 걸 다 알고 있다고, 오늘 폭탄을 제거해주면 지난날의 과오를 더 이상 묻지 않겠다고 했다. 위험한 신호였다. 망상 증상이 이 정도로 악화되었다면 공격성 또한 마찬가지일 것 같았다. 둘만 있는 공간에 팽팽한 긴장감이 흘렀다.

두 번의 충격

환자가 진료실에 들어간 지 3분 정도 지난 5시 42분, 진료실 호출벨이 울렸다. 진료실 문을 열고 들어온 간호조무사에게 임세원은 손짓으로 보안 요원을 불러달라는 신호를 보냈고, 간호조무사는 고개를 끄덕이며 곧바로 진료실을 나갔다. 그 순간 환자가 진료실 문을 잠그고 외투에 숨겨온 21센티미터 길이의 회칼을 꺼내들었다. 당황한 임세원은 자신의 진료실인 13번 방 비상문으로 급히 빠져나왔다. 때마침 그 문과 연결된 12번 방 문이 열렸다. 간호조무사에게 위험 신호를 전달받은 간호사가 걱정스러운 마음에 문을 연 것이다. "도망가!" 임세원은 문 앞에서 마주친 간호사에게 소리치며 복도를 뛰었다. 간호사가 급하게 문을 닫으려는 순간 환자가 간호사를 향해 칼을 휘둘렀다. 간호사는 불과 50센티미터 간격으로 가까스로 피하며 임세원의 반대쪽으로 필사적으로 달렸다. 집요하게 간호사를 쫓던 환자가 복도의 대기 의자에 걸려 멈칫하는 틈을 타 간호사는 절체절명의 위기를 무사히 넘겼다.

그 긴박한 시각, 임세원은 달리다 멈추고 뒤를 돌아보며 간호사가 안전하게 대피했는지 확인했다. 그리곤 자신의 왼쪽의 접수처 간호사에게 팔을 들어 손짓을 하면서 소리쳤다. "빨리 도망가! 신고해!" 그 소리를 들은 환자가 뒤를 보더니 방향을 바꿔 임세원을 쫓았다. 임세원은 다시 복도를 전력 질주하면서도 간호스테이션 앞에서 또 소리쳤다. "경찰에 신고 좀 해주세요!" 환자와 임세원 사이의 거리가 조금씩 좁혀지고 있었다. 결국 임세원은 맹렬히 쫓아온 환자의 흉기를 끝내 피하지 못했다.

임세원이 13번 방 문을 나서고 살해당하기까지 걸린 시간은 단 11초, 보안 요원이 도착한 건 그로부터 7초 후였다. 환자가 진료실에 들어간 지 불과 4분 만에 벌어진 참극이었다. 동료 의사들이 긴박하게 달려와 쉬지 않고 심폐소생술을 했지만, 자상刺傷은 조금의 희망도 없이 깊고 치명적이었다. 저녁 7시 30분, 동료는 눈물을 머금고 임세원의 사망 진단을 내려야 했다.[2] 한 해의 마지막 날 벌어진 이 사건은 우리 사회를 충격으로 몰아넣었다. 진료에 불만을 품은 환자가 의사를 공격하는 사례가 있기는 했지만, 진료실에 흉기를 들고 찾아가 의사를 살해한 것은 초유의 일이었다.

며칠 후 우리 사회는 또 다른 충격에 빠졌다. 갑작스럽게 사랑하는 이를 잃고 누구보다 비통하고 참담할 유가족의 입장 발표를 듣고서였다.

"우리 가족의 자랑이던 임세원 의사의 죽음이 헛되지 않도록 의료진의 안전이 지켜지고, 모든 사람이 정신적 고통을 겪을 때 사회적 낙인 없이 적절한 정신 치료와 지원을 받을 수 있는 환경이 조성되는 계기가 되길 바랍니다."

빈소가 차려진 2019년 1월 2일, 장례식장에서 유가족이 밝힌 공식 입장을 들은 기자들이 당황했다. 환자를 도우려 한 의사가 그의 손에 살해당했다는 사실만으로 온 사회가 분노하고 있는데, 정작 유가족은 가해자를 엄벌해달라고 말하는 대신 정신질환자를 향한 사회의 낙인을 염려했다. 가해자를 심신미약으로 봐주지 말고 사형에 처해야 한다고, 위험한 정신질환자는 사회에 나오지 못하게 해야 한다고 떠들고 공감한 우리는 심한 부끄러움에 빠졌다. 우리가 무고한 이의 목숨을 부당하게 앗아간 잔인한 '가해자'를 볼 때, 유가족은 몇 년째 제대로 치료받지 못해 끔찍한 일을 저지르고 만 '환자'를 보았다. 임세원이 그랬듯 말이다. 생명의 위협을 받는 위기의 순간에도 간호사가 잘 대피했는지 뒤돌아보고, 주변에 적극적으로 위험을 알리다 끝내 자기 목숨은 구하지 못한 의사와, 슬픔 앞에서도 문제의 핵심을 짚고 침착하고 단단하게 행동하는 유가족의 모습은 놀랍게도 닮아 있었다.

두 번째 충격이 없었다면 이 사건의 숨겨진 본질이 무엇인지 곱씹어보진 못했을 것이다. 정신질환자가 저지른 살인 사건으로만 기억될 수도 있었을 이 사건은 유가족의 당부 덕분에 근본적인 문제 해결을 위해 한 발자국 더 나아가 법과 제도를 바꾸는 계기가 되었다.

환자에게 늘 고마워했던 의사

임세원은 한국형 표준자살예방프로그램 '보고듣고말하기' 개발에 헌신했다. 2010년 한국자살예방협회 교육위원장을 맡아 경희대 백종우 교수, 서울대 김재원 교수와 함께 그해 연말부터 프로그램 개발에 매달려 1년 6개월에 걸쳐 프로그램을 완성했다. 그 후에도 청소년용, 직장인용, 군인용 등 대상에 따른 맞춤형 버전을 매년 업그레이드 했다. 사망한 그날도 프로그램을 의대 교육과정에 넣는 일과 2.0 버전 개발 준비로 분주했다.

그가 자살 예방에 특별한 노력을 기울인 데에는 사연이 있다. 전공의 2년차 시절 주치의로 처음 맡은 환자를 잃은 뼈아픈 경험 때문이다. 반복성 우울증을 앓으며 대여섯 번 입원한 할머니 환자가 증상이 많이 호전되어 퇴원하면서 전보다 더 깍듯하게 인사를 했다. 무언가 이상한 느낌이 들었지만 밀린 환자들을 보느라 바빠 그냥 넘겼는데 그 환자가 며칠 뒤 극단적 선택을 한 것이다. 평소와 다른 인사가 불길한 신호였을지 모르는데, 그걸 미처 알아차리지 못한 아둔함을 탓하며 임세원은 10여 년을 자책했다. 그래서 자살 신호를 '보고', 힘들어하는 이의 이야기를 '듣고', 위로와 격려와 희망을 '말하는' 방법을 만들어 전파하는 데 열정을 쏟았다. 누군가의 삶을 지키고 싶다는 진심을 '보고듣고말하기'에 담은 것이다.

허리 디스크로 아파하면서도 진료를 놓지 않던 그는 "나를 지탱하고 있는 것은 내 환자들"이라며 환자들에게 늘 고마워했다. 정신과 진료를 받았다는 사실만으로도 가입을 거절하는 보험 회사가 있을 정도로 정신질환에 지독한 편견이 있는 사회에서 정신과에 찾아온 것은 대단히 용기 있는 선택이라고 환자들을 늘 격려했다. 그가 SNS에 남긴 마지막 글도 그런 고마움에 관한 것이었다.[3]

얼마 전 응급실에서 본 환자들의 이야기를 글로 쓰신 선생님이 화제가 되었던 적이 있다. 긴박감과 피 냄새의 생생함, 그리고 참혹함이 주된 느낌이었으나 사실 참혹함이라면 정신과도 만만치 않다. 각자 다른 이유로 자신의 삶의 가장 힘겨운 밑바닥에 처한 사람들이 한 가득 입원해 있는 곳이 정신과 입원실이다.… 유달리 기억에 남는 환자들은 퇴원하실 때 내게 편지를 전하고 가는 경우가 많다. 그렇게 20년 동안 받은 편지들을 꼬박꼬박 모아 놓은 작은 상자가 어느새 가득 찼다. 그분들은 내게 다시 살아갈 수 있는 도움을 받았다고 고마워하시고 나 또한 그분들에게서 삶을 다시 배운다.…모두 부디 잘 지내시길 기원한다. 이번 주말엔 조금 더 큰, 좀 더 예쁜 상자를 사야겠다.

환자나 환자의 가족도 장례식에 왔다. 퇴원할 때처럼 편지를 써온 이들도 있었다.[4] "생명이 위협받는 순간에도 주위를 살펴봐줘서 고마워요. 덕분에 우리가 살았어요. 우리 함께 살아보자는 뜻 잊지 않을게요." 유가족이 임세원에게 보낸 추모사 중 일부다. 유가족은 장례식을 마친 후 정신질환자가 마음 편하게 치료받을 수 있는 환경을 만드는 데 써달라며 조의금 1억 원을 대한정신건강재단에 기부했다.[5]

임세원법의 진정한 의미

안전한 진료 환경, 정신질환자가 편견 없이 치료받을 수 있는 환경을 만들기 위해 스무 개 넘는 법안이 한꺼번에 쏟아졌다. 이 법안들에 자연스럽게 임세원법이라는 이름이 붙었다. 국회도 신속하게 움직였다. 사고가 발생한 지 3개월 남짓 지난 2019년 4월 5일, 의료법 개정안과 정신건강복지법 개정안이 모두 국회를 통과했다. 진료 중인 의사 등에 대한 폭행치사상을 가중처벌하는 규정과, 의료기관 개설자에 대한 안전·보안 조치 의무화 규정이 의료법에 신설되었다. 정신질환자의 치료와 관련해서는 환자가 퇴원한 뒤 지역사회에서 꾸준히 진료받을 수 있도록 외래치료 지원 및 지역정신건강복지센터 사례 관리 강화 등의 내용이 정신건강복지법에 담겼다.

두 법 모두 시행되고 있지만, 일반적으로 임세원법이라고 하면 의료법 개정만을 떠올린다. 유가족의 당부를 기억하면, 정신건강복지법 개정의 존재감이 흐릿해진 점은 못내 아쉽기만 하다. 이유가 무엇일까. 의료법 개정안과 달리 정신건강복지법 개정안은 전문적인 내용이 많아 일반인이 이해하기 어렵고, 정신질환자가 편견 없이 치료받을 수 있는 환경을 만들기엔 개정이 한참 못 미치는 수준이라는 점도 한몫 했을 것이다. 그러나 보다 근본적인 이유는 정신질환자에 대한 우리의 인식이 아직 부족하다는 점에 있지 않을까 싶다. 유가족의 당부를 당시에는 모두가 숙연하게 받아들이고 공감했지만, 시간이 지나면서 점점 잊어버렸다. 특히 임세원 사건 이후 넉 달이 채 못 되어 벌어진 진주 아파트 방화 사건*은 정신질환자를 향한 혐오를 더욱 심화하는 기폭제가 되었다.

임세원법의 진정한 의미를 발견하기 위해서는 유가족이 그랬듯 우리도 '가해자'이면서 동시에 '환자'인 이들과 그 가족을 볼 수 있어야 한다. 임세원 사건 가해자는 성장기 내내 가정 폭력과 학교 폭력을 당했다. 어머니와 여동생에게 폭력을 휘두르다 스물다섯 살에 정신병원 폐쇄 병동에 강제 입원되었지만, 퇴원 후 치료를 거부하며 가족에게 더 심한 공격성을 보였다. 망상에 시달린 그는 가족에게 폭력을 행사하고 무고한 의사를 살해한 자신의 행동을 정당화했고, 재판이 끝날 때까지 자신의 죄를 전혀 깨닫지 못했다.[6] 치료와 멀어지면 자해 위험만큼이나 타인을 해할 위험도 커진다. 결국 표면적으로 제기된 의료진의 안전 문제는 결국 치료의 문제다.[7] 그런 의미에서 의료법 개정만을 기억하는 임세원법은 진정한 임세원법이 아니다.

"순순히 어둠을 받아들이지 마오." 임세원은 자신의 책《죽고 싶은 사람은 없다》에 딜런 토머스Dylan Thomas의 시구를 두 번이나 인용할 만큼 이 말을 좋아했다. 그가 말한 어둠은 아마도 우울로 인한 자살 충동, 모든 걸 포기하고 싶은 마음일 것이다. 임세원은 누구든 그런 어둠이 지배하게 놓아두지 말자고 했다. 그의 추모 콘서트에서 불린 노래처럼 그와의 약속에 보태어본다. 아픈 사람이 나쁜 사람이 되는 어둠을 결코 순순히 받아들이지 않겠다고.

- 2019년 4월 17일 새벽 경남 진주시의 한 아파트에서 4층에 사는 안인득(당시 42세)이 자신의 집에 휘발유를 뿌리고 방화를 저지른 후 2층 계단으로 내려가, 화재로 대피하는 주민들에게 흉기를 휘두른 사건을 말한다. 다섯 명이 숨지고, 17명이 상해를 입었다. 안인득은 국민참여재판으로 진행된 1심에서 사형을 선고받았으나 항소심에서 조현병으로 인한 심신미약이 인정되어 무기징역형으로 감형되었고, 그 형이 확정되었다.

우리 다시 만나는 그날에 당신에게 말해줄게요.

함께 보고 듣고 서로 말해주며 당신과의 약속을 지켰다고.

우리 다시 만나는 그날에 당신에게 말해줄게요.

함께 마음 따뜻한 세상 만들자던 그 약속을 지켰다고.

-김창기, 〈다시 만날 그날 들려줄 이야기〉

안전의 문제는
치료의 문제

"만약에 누군가가 미쳤다면, 나라 안에서 모습을 드러내지 않게 할 것입니다. 그 각각의 친척들이 제 가정들에서 이들을 보호하게 할 것입니다. 그들이 무슨 방법을 써서든 말입니다. 그러지 못할 경우에는 벌금을 물게 할 것입니다."[8] 플라톤이 2500여 년 전에 한 말이다. 아주 낡은 말이지만 얼마 전까지 우리나라에서도 상황은 별반 다르지 않았다. '위험한 행위를 할 우려가 있는 정신병자를 돌볼 의무가 있는 사람이 그를 제대로 돌보지 아니하여 집 밖이나 감호시설 밖으로 나돌아 다니게 한 사람'을 처벌하는 법이 1954년부터 60여 년 가까이 건재하다가 2012년에야 폐지되었기 때문이다.[9]

정신건강복지법 전부개정과 혼란

1991년 유엔이 〈정신장애인 보호와 정신보건의료 향상을 위한 원칙Principles for the Persons with Mental Illness and Improvement of Mental Health Care〉을 채택하면서 선진국에서는 정신질환자의 입원 치료를 최소화하고, 정신질환자들이 외래치료를 받으며 직업을 갖고 지역사회의 일원으로 살 수 있게 지원하는 법이 만들어지기 시작했다. 우리나라는 2016년부터 본격적인 고민을 시작했다. 그해 헌법재판소의 정신질환자 보호입원 조항 헌법불합치 사건이 직접적인 계기가 되어[10] 국회는 1995년 제정된 정신보건법을 20여 년 만에 처음으로 전부개정하면서 법률명도 정신건강복지법, 즉 '정신건강증진 및 정신질환자 복지서비스 지원 등에 관한 법률'로 고쳤다.

달라진 법률명에서 짐작할 수 있듯, 정신보건법에는 없는 정신질환자에 대한 복지서비스를 주요 의제로 포함시켜 '탈시설화 및 지역사회에서의 치료와 지원'이라는 선진국형 정신질환자 관리 프레임을 도입한 것이다. 정신보건법 아래에서는 자·타해 위험을 따지지도 않고 정신질환자를 시설 또는 정신병원에 입소 또는 입원시켜 장기간 사회로 나오지 못하게 하는 일이 많았는데, 정신건강복지법은 이 문제를 개선하려는 시도라고 볼 수 있다.

법 개정 취지는 좋았지만, 막상 개정법이 시행되자 의료 현장에서는 혼란이 컸다. 정신질환자의 강제입원제도 요건을 강화해 입원은 어려워진 반면 탈시설 후 지역사회에서의 돌봄을 구체화하지 않아 정신질환자가 적절한 시기에 치료를 받지 못하는 사태가 빚어진 것이다. 각 지자체에서 정신질환의 예방과 치료, 정신질환자의 재활을 위해 정신건강복지센터 등을 두었지만 그 수가 부족하고, 병원과 연계되지도 않았다. 급박한 자·타해 위험을 막기 위해 가족이 정신질환자를 입원시키려 해도 강화된 요건을 맞추지 못하는 일이 많았고, 일일이 법적 요건을 확인해야 하는 정신과 의사들의 어려움도 커졌다.

정신건강복지법이 현장에서 불협화음을 내자 보건복지부는 개정법 시행 1년 후인 2018년 7월 〈중증정신질환자 지역사회 치료 지원 강화 대책〉을 발표하면서 외래치료명령제도의 내실화, 퇴원 환자를 지역사회와 연계하는 등의 사례 관리 강화, 정신건강복지센터 전문 인력 확충 등을 추진했다. 이런 상황에서 임세원 사건이 발생하면서 국회의원들의 입법 방향은 두 가지로 나뉘었다. 하나는 보건복지부의 개선 대책과 비슷하게 현 체제에서 발생하는 문제점을 보완하는 것이었고, 다른 하나는 현 체제와는 다른 사법입원제도를 도입하는 것이었다.

사법입원제도는 환자의 뜻에 반하는 입원을 정신의학적 판단만으로 결정하지 말고 환자의 상태 및 가족의 지지 환경을 고려해 사법부가 입원의 적절성을 판단하게 하는 제도다. 현재 강제입원 여부는 보호의무자와 의사에게 맡겨져 있는데, 이를 국가가 책임지게 해서 환자 인권을 보호하고 가족 및 의료인의 부담을 덜어주어야 의료인의 안전도 도모할 수 있다는 취지다. 미국 대부분의 주와 독일, 프랑스에서 이 제도를 시행하고 있다. 의료계는 임세원 사건을 계기로 사법입원제도 도입에 찬성했지만, 보건복지부와 법무부가 반대하면서 국회에서는 본격적으로 논의되지 못했다.[11]

국회 보건복지위원회는 기존 보건복지부 대책을 보충하는 방향으로 정신건강복지법을 개정하는 데 만족해야 했다. 기존의 외래치료'명령'제도를 외래치료'지원'제도로 변경해 자·타해 위험이 있는 환자의 외래치료를 강화하고, 퇴원하는 환자와 그 보호의무자에 대해 정신건강복지센터의 기능과 역할, 이용 절차 등을 의무적으로 알리도록 하는 한편, 치료 중단 시 증상이 급격히 악화될 우려가 있을 때 그 환자의 퇴원 사실을 정신건강복지센터의 장에게 통보하기 위한 절차를 정하는 등의 내용으로 개정이 이루어졌다.

안전시설 비용은 누가 부담해야 하는가

정신건강복지법에 비하면 의료법 개정 작업은 그리 복잡하지 않았다. 의료법 개정의 핵심은 진료 현장에서의 폭행에 대한 가중처벌과 의료기관의 안전시설 강화, 두 가지였다. 가중처벌 규정 신설은 큰 이견이 없었지만, 의료기관에 안전 및 보안 시설 의무를 신설하는 부분에서 이해관계가 엇갈렸다. 경찰에 긴급 출동을 요청하는 비상벨, 대피용 비상문 같은 안전시설 설치나 안전 요원 배치 등은 달리 말하면 '비용이 들어가는' 일이다. 안전한 진료 환경을 만드는 데 반대할 리 없지만, 문제는 그 비용을 세금으로 부담해야 하는가다.

정부 예산을 총괄하는 기획재정부는 반대 입장을 분명히 했다. 안전이 문제되는 곳이 의료기관만은 아닌데 특별히 병원에만 예산을 지원하는 건 형평성에 맞지 않고, 종사자의 안전을 위한 비용은 해당 의료기관이 충당해야 한다는 입장이었다. 의료기관의 안전시설 설치 의무 조항에 의료계도 다 찬성하는 건 아니었다. 정부가 예산을 지원하더라도 일부일 뿐이면 이 규정은 의료기관에 혜택이 아니라 규제로 작용할 수 있기 때문이다.[12]

보건복지부는 의료계와 기획재정부 사이에서 난처했다. 의료기관 종사자의 안전이 곧 환자의 안전과도 직결되므로 안전한 진료 환경을 위한 지원이 공익적이라면서도, 의료기관의 법령상 의무 준수에 소요되는 비용에 대해 예산을 지원하는 것은 의료법 내 유사 입법례가 없다는 점에서 부담을 느꼈다. 보건복지부는 고심 끝에 국민건강보험 수가를 통해 지원하는 해결책을 마련했다. 환자안전법에서 일정 규모 이상의 의료기관은 환자 안전 전담 인력을 두고 환자안전위원회를 설치하게 되어 있다. 이 의무를 이행하면 건강보험 수가 중 입원 환자 안전 관리

료로 입원 환자 한 사람당 일정 금액을 추가로 보전해주는 제도
가 있는데, 보안 장비 설치 등 안전 조치 사항을 추가로 준수하
면, 예산을 지원하기로 한 것이다. 보건복지부는 그 후 100개
이상의 병상을 갖춘 병원·정신병원 또는 종합병원 개설자는
다음과 같은 보안 장비 설치 및 보안 인력 기준을 지키도록 규
정했다(의료법 시행규칙 제39조의6).

1. 의료인 및 환자에 대한 폭력행위를 관할 경찰관서에 신고할 수
   있는 비상경보장치를 설치할 것.
2. 보안 전담 인력을 1명 이상 배치할 것.
3. 의료인 및 환자에 대한 폭력행위 예방·대응 매뉴얼을 마련하여
   의료인 및 의료기관 종사자 등을 대상으로 교육을 실시할 것.
4. 의료인 및 환자에 대한 폭력행위 예방을 위한 게시물을 제작하여
   의료기관의 입구 등 눈에 띄기 쉬운 곳에 게시할 것.

'제2의 임세원 사건'이 가르쳐준 교훈

하지만 법을 만든다고 문제가 해결되지는 않는다는 걸 재확
인하는 사건이 발생했다. 2020년 8월 부산의 한 정신과 전문의
원에 입원한 환자가 원장을 살해한 것이다.[13] 이른바 '제2의 임
세원 사건'은 임세원법이 얼마나 무력했는지, 불편한 진실을

드러냈다. 먼저 가중처벌 규정은 애초 이 사건에 적용되지 않았다. 의료법 조항은 처음부터 살의를 갖고 죽인 게 아니라 결과적으로 사망에 이르게 되었을 때 적용되는데 살인의 고의가 없다고 할 수 없기 때문이다(물론 살인죄가 의료법상 폭행치사보다 법정형이 더 높고, 이 사건에 살인죄가 적용되는 게 당연하다).* 의료법의 가중처벌 규정이 쓸모 없다거나, 처벌 수준이 낮다는 말이 아니다.** 살인해도 약하게 처벌받으니 괜찮다고 죽이는 사람은 없다. 핵심은 가중처벌이 결코 근본적인 해결책이 될 수 없다는 것이다.

한쪽에서는 병원의 규모가 작아 비상경보 장치, 보안 전담 인력 배치 같은 안전조치 마련에 정부의 지원을 받을 수 없어 참사를 막지 못했다고 한다. 틀린 말은 아니지만 맞는 말도 아니다. 의료법령에서 정하는 안전조치 의무는 병상 100개 이상 병원에만 적용된다. 이 사건의 경우처럼 병상이 100개 미만인 작은 규모의 병원, 입원실이 없는 정신건강의학과 의원은 보안시설을 할 의무가 없어 지원을 받을 근거도 없었다. 그러나 안전시설이 있다고 해서 범죄를 막을 수 있을까.

임세원 사건이 발생한 강북삼성병원은 보안 장치가 잘된 편이었다. 보안 요원과, 다른 진료실로 대피 가능한 비상문이 있

* 의료법상 사망의 결과가 발생한 경우 가해자가 받을 벌은 '무기 또는 5년 이상의 징역'이고, 살인죄는 '사형, 무기 또는 5년 이상의 징역'이다.
** 형법상 폭행치사는 '3년 이상의 유기징역'인데 반해 의료법상 폭행치사는 '무기 또는 5년 이상의 유기징역'이다.

었다. 보안 요원은 호출 1분 만에, 경찰은 신고 5분 만에 현장에 도착했다. 그러나 임세원이 옆 진료실로 연결된 비상문을 열고 복도로 나와 참변을 당하기까지 걸린 시간은 불과 11초였다. 안전시설이나 경찰과 연결된 비상벨이 있어도 찰나의 순간에 일어나는 범죄를 막는 건 현실적으로 불가능할 수 있다.

이 사건에서 주목해야 할 점은 오히려 살해당한 원장이 수년 동안 개원을 하지 못했다는 사실에 있지 않을까. 원장이 법적 요건을 다 갖춰 개원하려고 하자 병원이 입주하려던 건물의 학원장 등 일부 상인들이 학생들이 불안해할 수 있다며 관할 구청에 민원을 넣었고, 행정청은 이를 이유로 병원 설립 신고를 받아들이지 않았다. 원장은 대법원까지 간 소송에서 승소하고서야 병원 문을 열 수 있었고, 지자체를 상대로 손해배상 소송 중에 그 결과를 보지 못하고 변을 당했다.

정신질환자들에 대한 냉대, 민원 뒤로 숨어버린 행정청의 비겁함은 정신질환자들을 낙인 찍지 말아달라는 유가족의 당부에 충격과 부끄러움으로 어쩔 줄 모르던 우리의 미숙한 모습 그대로였다. 제2의 임세원 사건이 확인해준 건 '안전한 진료 환경'도 '정신질환자에 대한 낙인 없는 치료 환경'도 아직 갈 길이 멀다는 사실이었다.

의료인의 안전을 지키기 위해 만든 해결책은 환자의 안전을 보호하기 위한 환자안전법에서 나왔음을 기억했으면 한다. 정신질환자의 인권을 보장하는 치료 환경이 조성되지 않는다면 의료진의 안전도 보장받을 수 없다. (의료인의) 안전의 문제는 (정신질환자의) 치료의 문제와 분리될 수 없는, 동전의 양면이다.

"우리가 해야 할 일을
해야겠구나"

백종우 경희대 의과대 교수

2018년 12월 31일 오전 10시 45분 백종우 교수는 외래 진료 중 친구 임세원의 카톡을 받았다. "고대도 보든말 본2에서 수업 예정." "자살 예방을 위한 의사의 역할이란 제목으로 3시간 배정." "세 시간을 내가 혼자 하긴 무리이니 시간을 맞춰서 해보았으면 좋겠다."

사무적인 어투로 정보만 간단하게 쓴 문자였지만, 친구가 몹시 기뻐하고 있음을 짐작할 수 있었다. 임세원은 보고듣고말하기를 의대 수업에 포함시키기 위해 그해 내내 노력해왔다. 그 결실로 서울대, 경희대에 이어 고려대에서도 본과 2학년에서 시간을 배정했다는 연락을 받고는 신이 나서 곧바로 문자를 보낸 것이다. 백 교수도 간단하게 답장했다. "장하다."

그게 29년 지기 친구와의 마지막 대화가 되리라곤 꿈에도 생각하지 못했다.

"충격을 어찌 말로 다 할 수 있겠습니까. 왜 그런 일이, 왜 그 친구에게, 병원은 왜 막지 못했나. 그런 생각이 떠나질 않았죠. 그런데 1월 2일 아침 7시 반에 유가족한테서 연락을 받고 머리를 세게 얻어맞은 느낌이었어요. 임 교수 시신이 아직 국과수에서 부검 중일 때였거든요. 가족들이 모은 의견이라면서, 안전한 진료 환경과 마음이 아픈 사람들이 쉽게 치료와 지원을 받을 수 있는 사회가 고인의 유지라고 생각한다고, 이를 위해 동료 분들이 함께해주실 것을 당부한다고 하시는 겁니다. 그 전화를 받고 '왜, 왜, 왜'에서 헤어났습니다. '이제 정신을 차려서 우리가 해야 할 일을 해야겠구나.'"

그날 이후 백 교수는 임세원의 친구로서 유가족의 입장을 대변하고, 대한신경정신의학회 이사로서 유가족이 당부하고 친구가 꿈꾼 사회, 정신건강국가시스템을 만드는 일에 앞장서고 있다.

인터뷰에서 가장 인상적인 것은 임세원 사건의 본질이 핵가족화에 있다는 설명이었다. 핵가족화와 임세원 사건이 무슨 관계가 있나 싶어 의아해하니 그가 자세히 말해주었다.

"대부분의 정신질환자들은 순하고 전혀 위험하지 않습니다. 급성기 환자들이 공격성을 띨 때 자해나 타해 위험이 있는 게 문제이지요. 그동안 우리 사회에서 급성기 정신질환자들이 크게 문제가 되지 않은 것은 그 짐을 다 가족이 떠맡았기 때문입니다. 집에서 못 나오게 하고 숨기고 살든, 정신병원이나 요양시설을 보내든 가족이 책임을 졌죠. 그런데 인구구조나 가족제도가 변하면서 더 이상 가족이 책임질 수 없는 사회가 온 겁니다. 정신질환자들에 대한 책임이 가족에서 국가와 사회로 변화하는 전환기에 와 있는데 그걸 빨리 대처를 하지 못했기에 이런 사고가 생긴 것이죠."

고개가 끄덕여졌다. 위험한 행위를 할 우려가 있는 정신질환자를 밖에 돌아다니게만 해도 그 가족을 처벌하는 조항이 2012년까지 건재하지 않았나. 그는 임세원 사건 가해자나 진주 아파트 방화 사건의 가해자 안인득이나 사정이 비슷하다고 설명했다.

"임 교수의 가해자는 가족으로 어머니, 여동생이 있는데 이 사건 전에 범죄 전력이 전혀 없었다고 해요. 그전에 증상이 발현되었어도 어머니와 여동생이 맞으면서, 목숨의 위협을 느끼면서도 어떻게든 책임지고 산 거죠. 그런데 더 이상 통제가 안 되어 결국 이런 참사가 일어난 겁니다. 안인득도 어머니가 암으로 병원에 입원해 혼자 남겨지면서 사소한 범죄가 쌓이기 시작했어요. 형이 안인득에게 자신의 친구가 사는 아파트에 집을 얻어주고, 친구한테도 부탁을 하는 등 신경을 많이 썼지만 어느 순간부터 안인득이 약을 먹지 않았고, 이웃들이 경찰에 신고를 일곱 번이나 하는 동안 한 번도 전문가의 진단을 받지 못한 겁니다. 형이 경찰, 소방, 병원에 다 호소했지만 어머니가 보호의무자로 되어 있어서 아무런 조치를 못한 것이죠."

정신질환자에 대한 강제 입원을 가족이 책임지는 현재의 제도로는 중증 정신질환자의 급성기 사고를 더 이상 감당할 수 없다는 것이 그의 진단이다. 그럼 국가와 사회가 어떻게 책임을 져야 할까. 그는 사법부가 환자 입원을 심사하는 것이 바람직하지만, 그게 안 된다면 호주나 영국처럼 독립된 입원심사위원회가 필요하다고 말한다. 임세원법을 논의할 때 사법 입원 혹은 독립된 입원심사위원회에 관한 대안도 나왔지만 진척되지 못한 건 아직 우리 사회에서 받아들일 준비가 안 되어 있기 때문이라고 생각한다.

"유가족의 당부에도 불구하고 정신질환자에게 갖는 편견은 사실 그때보다 더 악화되었다고 봅니다. 인식이 아직 바뀌지 않고 있는데 법이 통과될 수도 없고 통과된다고 해도 문제가 많았겠지요. 법이 일찍 통과되는 게 중요한 게 아니라 사회를 설득하는 게 중요하다고 봅니다."

그래서 그는 환자 가족 단체인 정신장애인가족협회 이사를 맡아 토론회, 인터뷰 등 기회가 될 때마다 국가책임제도에 대해 설득한다. 그는 중증 정신질환자를 국가에서 관리하는 일이 결코 불가능하지 않다고 여긴다. 외국에서도 이미 이루어지고 있지만, 우리나라의 치매국가책임제와 코로나19 사태를 보면서 희망을 품게 되었다.

"과거에는 치매 부모를 자식들이 모셨습니다. 당연히 그래야 한다고 생각했죠. 그런데 가족제도가 변하면서 그게 안 됩니다. 치매 가족을 간병하다 너무 힘드니까 가족을 죽이고 자신도 극단적 선택을 하는 그런 비극이 일어나잖아요. 그래서 이젠 국가가 치매 환자를 책임지겠다고 나섰죠. 가족에서 국가로 그 책임이 전환되고 있는 것입니다. 더구나 코로나19 사태를 겪으면서 국가가 필요하면 환자를 체계적으로 관리할 수 있다는 것을 다 알게 되었습니다. 중증 정신질환자에 대한 책임을 국가가 맡아야 한다는 사회적 합의만 이루어진다면 충분히 할 수 있습니다."

그가 2019년 2월 중앙자살예방센터 센터장을 맡게 된 계기도 임세원을 빼놓고 이야기할 수 없다.

"친구가 몇 년간 허리가 많이 아팠는데 2018년에 많이 좋아졌어요. 건강이 조금 회복되니까 일 욕심을 더 내더라고요. 2019년에 '보고듣고말하기' 2.0 버전을 만들기 위해 준비를 많이 해놓았죠. 그걸 완성해야 하니 제가 센터장 일을 안 할 수 없게 되었습니다."

그는 임세원이 그렇게 헌신한 이유도 기억하고 있다.

"1998년이죠. 할머니의 깍듯한 인사가 위험 신호였는데, 자신이 알아보지 못했다며 세원이가 얼마나 자책했는지 모릅니다. 저희가 2010년부터 프로그램 개발을 시작했으니 세원이는 그 사건을 12년 동안 마음에 새겨왔던 거죠."

그런 마음으로 일한 친구였기에 목숨이 위협받는 순간에도 타인에게 위험을 알리는 행동을 한 것이 임세원답다고 생각했다. 임세원을 의사자로 인정하지 않은 처분은 위법하다는 판결을 법원이 내렸을 때 그는 친구의 참변 이후 가장 많은 눈물을 쏟았다.[14]

"판결문을 읽으면서 '때로는 법이 어떤 정신과 치료보다 정확한 치유와 깊은 위로를 주는구나' 그걸 느꼈어요. 임 교수가 한 행동이 그 상황에서 할 수 있는 가장 적극적인 구조 행위였음을 반박할 수 없게 정리해주더라고요. 정의가 주는 위로라는 게 그런 것인가 봅니다."

친구에게 부끄럽지 않게 살기 위해 노력하면서 얻은 것도 많다. '보고듣고말하기' 2.0 개발에 참여하는 열정적인 연구원들, 정신질환자에게 갖는 편견을 줄이기 위해 기사를 쓰는 언론, 법안을 치열하게 고민하는 국회의원 보좌관 등 다양한 이들과 함께 정신질환자에 대한 인식을 개선하고 정신질환자 국가책임제도를 만들어가는 과정에서 느끼는 보람이 적지 않다. "우리가 느끼는 불안은 안전을 위해, 우울은 추모를 위해, 분노는 정신건강을 위한 시스템을 만드는 데 쓸게." 그는 친구의 추모식에서 한 약속을 성실하게 지켜가는 중이다.

임세원이 법이 되기까지

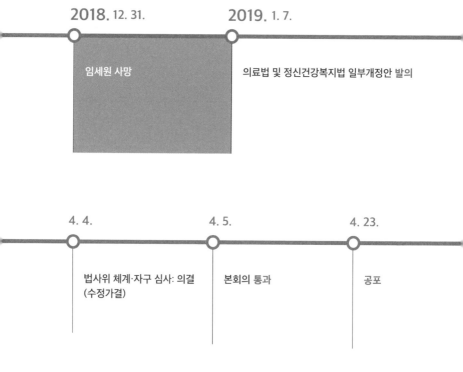

2018. 12. 31.

임세원 사망

2019. 1. 7.

의료법 및 정신건강복지법 일부개정안 발의

4. 4.

법사위 체계·자구 심사: 의결
(수정가결)

4. 5.

본회의 통과

4. 23.

공포

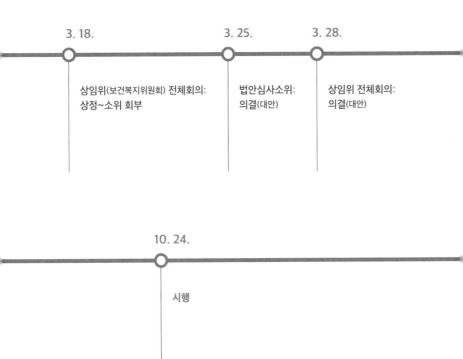

3. 18.

상임위(보건복지위원회) 전체회의:
상정~소위 회부

3. 25.

법안심사소위:
의결(대안)

3. 28.

상임위 전체회의:
의결(대안)

10. 24.

시행

정신건강증진 및 정신질환자 복지서비스 지원에 관한 법률

(법률 제16377호, 2019. 4. 23, 일부개정)*

개정 이유

정신건강증진시설의 장은 정신질환자 등이 퇴원 및 퇴소를 하려는 때에는 정신질환자 등과 그 보호의무자에게 정신건강복지센터의 기능·역할 및 이용 절차 등을 알리도록 하고, 보건복지부장관 등은 수시로 신고를 받을 수 있는 정신건강상담용 긴급전화를 설치·운영하도록 하는 한편, 정신병적 증상으로 인하여 자신 또는 다른 사람의 생명이나 신체에 해를 끼치는 행동으로 입원 등을 한 사람이 퇴원 등을 할 때 정신건강의학과 전문의가 치료가 중단되면 증상이 급격히 악화될 우려가 있다고 진단하는 경우 퇴원 등의 사실을 정신건강복지센터의 장에게 통보하기 위한 절차를 정하는 등 현행 제도의 운영상 나타난 일부 미비점을 개선·보완하려는 것임.

• 임세원 사망 사건이 직접적 계기가 되어 신설된 정신건강복지법 조항이 다수여서 여기에서는 개별 조항 대신 개정 이유문을 게재했다.

의료법
(법률 제16375호, 2019. 4. 23, 일부개정)

제36조(준수사항) 제33조제2항 및 제8항에 따라 의료기관을 개설하는 자는 보건복지부령으로 정하는 바에 따라 다음 각 호의 사항을 지켜야 한다. (개정 2019. 4. 23.)

11. 의료인 및 환자 안전을 위한 보안장비 설치 및 보안인력 배치 등에 관한 사항.

제87조의2(벌칙)

① 제12조 제3항을 위반한 죄를 범하여 사람을 상해에 이르게 한 경우에는 7년 이하의 징역 또는 1천만원 이상 7천만원 이하의 벌금에 처하고, 중상해에 이르게 한 경우에는 3년 이상 10년 이하의 징역에 처하며, 사망에 이르게 한 경우에는 무기 또는 5년 이상의 징역에 처한다. (신설 2019. 4. 23.)

제12조(의료기술 등에 대한 보호)

③ 누구든지 의료행위가 이루어지는 장소에서 의료행위를 행하는 의료인, 제80조에 따른 간호조무사 및 『의료기사 등에 관한 법률』 제2조에 따른 의료기사 또는 의료행위를 받는 사람을 폭행·협박하여서는 아니 된다.

태어났기에
당연한 것

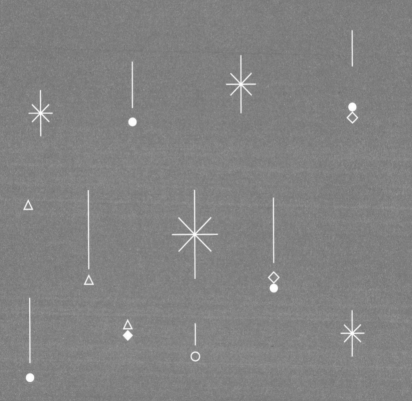

사랑이법

아동은 태어난 즉시 출생등록되어야 하며,
출생시부터 이름을 갖고, 국적을 취득하며,
가능한 한 부모를 알고, 부모에게 양육받을 권리가 있다.

- 유엔 아동권리협약 제7조

사랑이(가명)

2013 ~

2013년 여름, 혼인하지 않은 부모 사이에서 태어났다. 태어난 지 얼마 되지 않아 엄마가 떠나고 완전히 연락을 끊어 줄곧 아빠 품에서 자랐다. 미혼부 혼자서 출생신고를 하지 못하는 법 때문에 여러 번의 소송을 거쳐 14개월 늦게 출생신고가 되었다. 이름처럼 사랑스럽게 자라 어느덧 의젓한 초등학생이 되었다.

사랑이법

사랑이 아빠 김지환 씨의 사연이 계기가 되어 개정된 '가족관계의 등록 등에 관한 법률' 제57조를 말한다. 미혼부가 단독으로 아이의 출생신고를 하는 것이 원래는 불가능하지 않았으나, 2011년 6월 30일 대법원이 "부父가 혼인 외의 자子에 대한 출생신고 시 모母를 불상으로 신고할 경우 이를 수리하여서는 아니 된다"라는 내용의 가족관계등록선례(제201106-2)를 제정한 후 매우 복잡한 절차를 거쳐야 했다. 개정된 법에서는 신청 절차 한 번으로 출생신고를 할 수 있도록 절차를 간소화했다. 2015년 4월 30일 국회를 통과해 그해 11월 19일 시행되었다.

◇ 법률 약칭 ◇

· **가족관계의 등록 등에 관한 법률:** 가족관계등록법

가장 약한 사람의
기본권

영화 〈가버나움〉은 레바논 빈민가에 사는 시리아 출신 소년에 관한 이야기다. 소년의 부모는 불법 이민자여서 소년도, 소년의 여동생도 출생신고가 되지 않았다. 어느 날, 닭 두 마리 값에 동네 부자에게 팔려간 여동생이 임신 중에 죽고 만다. 소년에겐 하늘이 무너지는 일이었지만 사회적으로는 아무 일도 아니었다. 출생이 기록되지 않았으니 죽음도 존재할 수 없었기 때문이다.

또 다른 영화가 있다. 1988년 일본에서 일어난 '니시스가모네 아이 방치 사건'을 바탕으로 만들어진 〈아무도 모른다〉. 혼자 네 아이를 기르는 미혼모는 아이들의 출생신고를 하지 않았다. 엄마는 태어난 지 얼마 안 되어 죽은 셋째를 벽장 속에 악취 제거제와 함께 넣었다. 세월이 흘러 엄마마저 집을 나간 상황,

두 살배기 막내가 동네 아이들에게 맞아 죽자 어찌할 줄 모르던 첫째가 숲에 막내를 고이 묻는다. 두 영화 속 아이들 모두 서류상으로 태어난 적이 없으니 법적으로는 어떠한 죽음도 없는 셈이었다.

사람은 출생이 등록됨으로써 법적으로 존재를 인정받는다. 그러니 출생신고가 되지 않은 사람에게 법이 보장하는 기본 권리가 제공될 수 없다. 아이는 건강보험 적용을 받지도, 학교에 가지도 못한다. '있지만 없는' 아이들은 영화에서처럼 범죄에 희생되기 쉽다.

영화는 특별한 사건을 극화한 것일 뿐 우리와 크게 관련 없는 일이라고 여겼다. 하지만 2014년 4월 방송된 사랑이 아빠의 사연은 21세기 대한민국에서도 이런 비극이 일어난다는 걸 알려주었다. 더 충격인 건 영화에서처럼 부모가 불법 이민자도 아니고, 아이를 고의로 방치한 것도 아니라는 사실이다. 출생신고를 하고 싶어도 국가가 받아주지 않는다는 걸 도대체 어떻게 이해해야 할까.

"진짜 아빠 맞아?", 김지환 씨를 만나다

"저도 처음엔 믿기 어려웠어요. 미혼부라는 이유만으로 법의 보호망에서 완전히 떨어져나가게 될 줄은 정말 몰랐죠."

경기도 광주에 정착한 사랑이 아빠, 김지환 씨는 예측하지 못한 방향으로 흘러간 지난 인생을 담담하게 들려주었다.

30대 초반에 여자친구와 혼인신고 없이 같이 살게 되었다. 여자친구는 갑작스러운 임신에 심각한 우울증 증상을 보였고, 설상가상으로 그의 사업까지 망하면서 형편이 급속도로 나빠졌다. 심하게 싸우고 나면 여자친구는 연락을 끊고 집을 나갔다가 며칠 뒤 다시 돌아오곤 했지만 원래 사는 곳이 어디인지, 친구가 있는지 물어도 대답하지 않았다. 여자친구는 만삭 무렵 또 집을 나갔고, 얼마 후 돌아와 아이만을 남겨두고 사라졌다. 유난히 장마가 길던 2013년 여름이었다.

아이 엄마의 인적 사항을 모르면 출생신고가 안 된다는 사실을 알게 된 건 그 뒤였다. 주민센터에서는 다른 방법이 없다며 아이 엄마를 찾아 주민등록번호라도 알아오라고 했다. 아직 경황이 없는 중에 사랑이가 심하게 아팠다. 폐에 물이 차 신생아 중환자실에 2주간 입원을 해야 했다. 병원비가 800만 원 가까이 나왔다. 건강보험이 되면 100만 원 정도만 내면 된다지만, 출생신고가 안 되어 있어 건강보험을 적용받지 못했다. 병원비를 마련하기 위해 차와 노트북, 휴대폰을 팔았다. 그것도 모자라 사채까지 빌렸다. 출생신고가 안 된 아이를 받아주는 어린이집이 없어 일을 하러 가지도 못했다. 급기야 신용불량자가 되었다.

생존의 절벽 앞에서 극단적 선택도 여러 번 생각했다. '사랑이를 보육원에 보내고 나는 죽어야겠다.' 그때마다 그를 살린 건 딸의 '존재' 자체였다. '내가 죽으면 내 딸은 어떻게 하나, 내 딸이 무슨 죄가 있어서 부모 없이 고아원에서 커야 하나.' 이를 악물었지만 당장 먹고살 수 있는 대책은 없었다. 얼핏 뉴스를 본 게 떠올랐다. 어떤 미혼모가 슈퍼에서 분유를 훔치다 적발되었는데 딱한 사정을 듣고 경찰이 선처를 해줬다는 사연이었다.

"'분유와 기저귀를 훔쳐야겠다. 나도 사정이 딱하니 선처받을 수 있겠지' 그런 생각을 했어요. 그런데 '너 진짜 아빠 맞아?' 그러면 그걸 증명할 방법이 없으니 걱정되는 거예요. 그 엄마는 아이 출생신고는 되어 있을 것 아녜요. '보호자가 아닌 남자가 아이를 굶긴다고 사랑이를 아동보호시설에 보내버리면 어떡하나' 덜컥 겁이 나는 거예요."

2014년 1월 김지환 씨는 생후 8개월 된 사랑이를 옷으로 꽁꽁 싸매 유모차에 태우고 지하철역에 섰다. 집에 분유 세 스푼, 기저귀 다섯 개, 현금 1700원이 남았을 때였다. 유모차에는 반듯하게 써 내려간 글이 담긴 종이를 달았다.

제 딸은 엄마가 없습니다. 우리나라는 아빠 혼자서는 출생신고를 못하게 합니다. 그래서 제 딸아이는 주민번호도 의료보험도 없습니다. 어린이집도 갈 수 없습니다. 지난 7~8개월간 단둘이 겨우 버텼습니다. 2개월 전에 아이와 함께할 수 있는 일자리마저 잃었습니다. 도둑질도 강도질도 할 수 없어서 이렇게 나왔습니다. 지금 출생신고 소송을 준비 중입니다. 일자리도 구하고 있습니다. 출생신고가 될 때까지만, 일자리를 구할 때까지만 도와주세요. 죄송합니다. 목숨 걸고 제 딸은 제가 키울 겁니다.

사랑이가 잠들었을 때 잠시 와서 30분 정도 서 있으면 5만 원 정도가 생겼다. 그 돈이면 사랑이와 일주일을 버틸 수 있었다. 이름 모르는 이들의 자비 덕분에 절벽에서 간신히 떨어지지 않았다.

세 번째로 거리에 섰을 때였다. 멀리서 경찰들이 걸어오는데 왠지 '아이를 이용해 구걸한다고 누군가 신고한 게 아닐까' 하는 생각이 들었다. 두려움에 심장이 얼어붙는 것 같았다. 법적으로 남남인 진짜 아빠는 아이를 빼앗기지 않기 위해 재빨리 자리를 정리하고 유모차를 급하게 밀었다. 아니나 다를까 경찰들이 뒤따라왔다. "선생님, 선생님, 잠깐만 서보세요." '아, 진짜 나를 잡으러 왔구나. 내 말을 믿어줄까.' 쏟아지는 눈물을 닦을 겨를도 없이 정신없이 유모차를 밀었다. 결국 경찰들이 그의 어깨를 잡았다. "선생님, 저희가 선생님 붙잡으려고 온 거 아닙니다. 1인 시위는 아무 데서나 할 수 있습니다. 그런데 오늘은 날씨 때문에 아이가 추울까 봐 일찍 들어가시라고 말씀 드리러 온 겁니다."

그날 이후 더 이상 구걸할 용기가 나지 않았다. 때마침 도움의 손길이 왔다. 그의 딱한 사정을 들은 지인이 일거리를 주어 한동안은 버틸 수 있었다. 김지환 씨는 일을 하면서, 출생신고 방법을 알아보았다. 우여곡절 끝에 대한법률구조공단의 도움을 받았다. 한 담당자가 "사정이 너무 딱해서 2박 3일을 꼬박 매달렸다"며 미혼부가 단독으로 출생신고를 할 수 있는 우회적인 소송 방법을 찾아주었다. 하지만 희망이 크진 않았다. 기각될 수도 있다는 말을 하도 많이 들었기 때문이다. 끝내 출생신고를 못하면 영어 잘하는 친구에게 부탁해서 한국에 있는 외국 대사관을 통해 난민 신청을 하려고 했을 정도다.

"소송을 하면서도 화가 안 풀려요. 세상에 딸의 실존을 증명할 방법이 없다는 게 납득이 안 되니까요. 그때 저는 사회에 대한 분노로 거의 반쯤 미쳐 있었어요. '이런 불합리함을 세상에 외치기라도 해야겠다.' 그런 생각이 들더라고요."

경찰이 1인 시위라고 한 게 생각나 그때처럼 시간이 날 때마다 사람들이 붐비는 지하철역에 섰다.

우리 부녀는 DNA 검사 결과를 근거로 출생신고와 관계된 허가 소송을 진행 중이지만 그 준비와 판결까지가 너무 어렵고 오랜 기간이 필요합니다.… 이 나라의 미혼부자 가정에 관심과 도움을 주세요.

목숨 걸고 제 딸을 지키고 잘 키우겠습니다.

한 방송 프로그램이 그를 찾아왔다. 누군가 그를 찍어 인터넷에 올렸는데 그 사진이 퍼지면서 김지환 씨가 진짜 아빠가 아니라 아이를 이용해 구걸하는 나쁜 사람일지 모른다는 제보가 들어온 것이다. 얼마 뒤 SBS 〈궁금한 이야기 Y〉를 통해 사랑이 아빠의 사연이 방송되었다. 반응은 뜨거웠다. 미혼부 혼자서는 아이의 출생신고를 하지 못한다는 이해할 수 없는 법에 모두가 분노했다. 국회도 입법을 위해 움직였다.

"저는 법을 만든다는 건 생각지도 못했어요. 그 당시에 뭘 어떻게 해보겠다는 게 아니라, 그냥 울분이 터져서 1인 시위를 한 거예요. 분노를 제 나름대로 다스리는 방법이었죠. 법 하나 만들기가 얼마나 힘들어요? 사랑이법 만드는 데 방송에 나간 제 사연이 계기가 된 것뿐이지 제가 입법을 위해 노력한 건 없어요. 누가 봐도 문제가 있으니까 법이 통과된 거죠."

2014년 9월, 사랑이는 태어난 지 1년 2개월 만에 출생신고되었다. 이듬해 4월 국회에서는 아이의 이름을 딴 사랑이법이 통과되었다.

세상의 '사랑이 아빠'들을 위해

　방송에서 아이는 '사랑이'라는 가명으로, 김지환 씨는 '사랑이 아빠'로만 소개되고 얼굴은 모자이크되었다. 굳이 세상에 알려진 미혼부가 되고 싶지는 않았다. 그런데 방송 이후 사랑이 아빠를 찾는 미혼부들이 많았다. 대부분 그와 비슷한 처지였다. 그는 운전, 서빙 같은 단기 고용직 일을 하면서 미혼부들을 도왔다. 그때는 아는 변호사도 없어 그가 직접 나섰다. 법률구조공단의 도움을 받은 경험을 자세히 알려주고 때로는 법원에 낼 서류를 대신 써주기도 했다. 그러던 어느 날 또다시 예측 못한 방향으로 삶이 바뀌는 사건이 일어났다.

　"2018년 가을, 겨울 정도였던 것 같아요. 텔레비전 채널을 돌리다가 어떤 뉴스에서 멈췄어요. 아빠로 보이는 남자는 지병으로 사망했고, 출생신고가 안 된 아이는 남자가 죽은 뒤 아사한 것으로 추정된다는 뉴스였어요. 아주 짧은 뉴스였고, 그 후로 보도가 더 나오지도 않았는데 저는 그 굶어 죽은 아이가 계속 생각나는 겁니다. 자세한 사정은 모르지만, '아빠가 출생신고를 할 수 있었다면 최소한 아이는 살 수 있지 않았을까', '그 사람이 나를 찾았다면 아이가 출생신고는 될 수 있지 않았을까.' 그런 죄책감에 견딜 수가 없는 거예요. 그래서 '미혼부 출생신고'라고 검색하면 나를 찾을 수 있도록 해야겠다고 생각한 거죠."

출생신고를 못해 죽음조차 기록되지 않은 아이에 떠밀려 그는 자신을 세상에 내놓았다. 2019년 5월 '아빠의 품'이라는 단체를 등록하고 자신의 이름과 전화번호를 홈페이지https://apum.modoo.at/에 공개했다. 전국 각지에서 연락이 쏟아졌다. 아이 출생신고를 못하고 있던 미혼부들이 그렇게 많았다. 일을 하면서 번 돈 대부분을 미혼부 가정을 돕는 데 썼다. 단체나 기관에서 지원을 해주겠다는 연락이 왔다. 후원금으로 미혼부들에게 법률 지원을 하고, 오갈 데 없는 미혼부 가정에는 임시 숙소를 제공하거나 긴급 생계비를 지급하는 일도 했다.

그런 경험이 차곡차곡 쌓이면서 그는 혼외자 출생신고에 관해 누구보다 뛰어난 현장 전문가가 되었다. 국회나 아동인권단체, 언론사 등 요청이 있으면 거절하지 않고 갔다. 법이 만들어졌어도 여전히 남은 사각지대를 짚으며 문제점을 알렸다. 출생신고가 되기 전까지 짧게는 몇 달, 길게는 몇 년을 건강보험 없이 살아야 하는 아이들을 위한 정책이 필요하다는 그의 건의로 2016년 8월부터 출생신고 완료 전이라도 출생 이후 1년간 건강보험을 적용받는 제도가 마련됐고, 2020년 9월부터는 '출생 이후 1년'이라는 기간도 '출생신고 때까지'로 늘어났다. 일선 주민센터 공무원들이 미혼부 지원 정책을 쉽게 찾을 수 있도록 여성가족부가 홈페이지에 '미혼부 자녀 출생신고 방법 및 지원 정책 안내'라는 페이지를 따로 만들어 관련 정보를 체계적으로 안내하게 된 것도 그의 의견이 반영된 결과다.

인터뷰를 하는 동안 자주 전화벨이 울렸고, 그때마다 그는 내게 "잠시만요" 하고 양해를 구하고는 이런저런 급한 일을 처리했다. 출생신고 때문에 연락한 미혼부를 도와줄 변호사를 찾아주느라 아동인권단체와 연락하거나, 생계난을 호소하는 미혼부에게 관할 기관에 긴급 복지 요청을 하는 법을 알려주기도 했다. 스스로를 "운이 좋아 살아남을 수 있었다"고 생각하는 김지환 씨는 위태로운 시기를 버틸 수 있게 해준 여러 사람의 도움을 그렇게 갚는 중이다.

친생자 추정과의 충돌을
어떻게 막을 것인가

김지환 씨가 친아빠인지 의심하는 것도 무리는 아니다. 유전자 검사 결과는 국가가 증명하는 서류가 아니고, 위조 가능성도 배제할 수 없다. 상처받을 진짜 아빠에겐 미안하지만 그토록 냉정하게 의혹을 제기하는 게 법이다.

여성만이 임신과 출산을 할 수 있다는 사실은 법이 출생에 관해 '모母'와 '부父'를 다르게 보는 출발점이 된다. 법은 아이의 엄마를 먼저 확정한다. 여성이 결혼한 상태면 아이의 아빠는 여성의 법률상 남편으로 추정된다(민법 제844조 제1항). 여성의 법률상 남편이 아닌 친부가 친자 관계를 주장하려면, 일단 여성이 법률상 남편을 상대로 "이 아이는 남편의 아이가 아니다"라는 '친생부인親生否認의 소'를 제기해 승소한 후 친부가 "이 아이는 내 아이다"라는 '인지認知 신고'를 해야 한다. 혼인 중 출생한 아이의 출생신고 의무자는 '부 또는 모'이지만, 혼인 외 출생 자에 대해서는 '모'만이 출생신고 의무자(가족관계등록법 제46조 제1, 2항)인 이유가 바로 여기에 있다.

미혼부 혼자는 출생신고 못하는 나라

하지만 친생자 추정 조항과의 충돌 우려만으로 미혼부가 단독으로 출생신고를 하지 못한다는 논리는 당연히 성립하지 않는다. 친생자 추정은 1958년 민법 제정 때부터 있었지만, 미혼부 단독 출생신고가 그때부터 막혔던 건 아니기 때문이다. 제도가 바뀐 건 2011년 6월 30일 대법원이 "부父가 혼인 외의 자子에 대한 출생신고 시 모母를 불상不詳으로 신고할 경우 이를 수리受理하여서는 아니 된다"라는 내용의 가족관계등록선례를 제정함과 동시에 '모 불상 출생신고'를 허용하는 구 선례를 변경하면서 벌어진 일이다.[1]

그전에는 아이의 출생 당시 모가 법률상 혼인관계가 아니라는 사실을 증명하는 서류를 모의 비협조 내지 연락두절로 내지 못하면, 2인 이상의 이웃이 여성이 유부녀가 아니라는 확인 서류인 인우인* 보증서를 내는 방법으로 출생신고가 가능했는데,

* 친구나 친척, 이웃 등 본인과 가까운 관계에 있는 사람을 말한다.

대법원이 선례를 변경해 신고를 받아주지 말라고 한 것이다. 문제는 모 불상의 출생신고를 막아버리면 친생자 추정과의 충돌은 피할 수는 있지만, 출생신고를 할 수 없는 아이들이 생길 게 뻔한데, 이에 대해서는 아무런 대책을 마련하지 않았다는 점이다.

선례 변경 이후 아이 엄마의 협조를 받을 수 없는 미혼부가 우회적으로 출생신고를 할 수 있는 방법이 있기는 했다. 마치 아이가 하늘에서 떨어진 것처럼 아이의 성姓과 본本을 창설하고 (예컨대 아이가 광화문 김 씨의 시조가 되는 것이다), 이를 기초로 아이의 가족관계등록부를 만든 다음, 그 아이가 자신의 아이라고 증명하는 인지 신고 절차를 거치는 것이다. 그런데 아이가 성본 창설 등을 할 수 없으니 그전에 미혼부가 유전자검사 결과 등을 바탕으로 아이의 특별대리인에 자신을 선임해달라는 절차를 거쳐야 한다. 즉 '미성년자 특별대리인 선임 재판 → 성본 창설 재판 → 가족관계부 창설 재판 → 인지 신고'라는 네 단계를 밟아야 했다. 이 방법은 아주 복잡할뿐더러 법률전문가에게조차 생소했고,[2] 설령 그런 방법을 알더라도 대부분이 평균 1년 6개월에서 2년이나 걸리는 소송을 버틸 경제적 여유가 없었다.

가족관계등록선례가 바뀌고 2년 정도 지난 2013년 11월, 20대 초반의 한 미혼부가 아이의 출생신고를 할 수 없어 어쩔 수 없이 아이를 베이비박스에 맡긴 채 입대해야만 했다는 기사가 나왔다.[3] 그 직후인 2013년 12월, 아이 엄마의 인적 사항을 모르는 미혼부의 출생신고 간소화를 위한 가족관계등록법 개정안이 처음 발의되었다. 안은 제19대 국회에서 먼지가 쌓인 채로 묻혀 있다가 사랑이 아빠 사연이 엄청난 반향을 불러일으키면서 한순간에 관심 법안으로 주목받았다. 때마침 국회에서 임시 국회가 열리고 있어 곧바로 상임위인 법사위에 상정되었다.

국회 심사 과정에서는 친생자 추정과의 충돌을 어떻게 해결하느냐가 논의의 중심이 되었다. 김지환 씨의 경우와 달리 서류상 결혼한 여성이 남편이 아닌 남성의 아이를 낳았을 때가 문제였다. 국회에서는 약 1년간의 논의 끝에 혼외자의 신고의무자를 '모'로 한정하는 가족관계등록법 제46조 제2항은 그대로 두되, 친생자 출생의 인지를 규정하는 같은 법 제57조를 보완하는 것으로 개정했다.

기존에는 인지 신고의 전제로 '특별대리인 선임 → 성본 창설 → 가족관계등록부 창설'의 절차를 거쳐야 했지만, 개정 법안에 의하면 '친생자 출생신고를 위한 확인 신청'을 제기해 인용 심판을 받으면 그 심판서를 첨부해 출생신고를 할 수 있고, 그 출생신고로 인지 효과를 얻을 수 있도록 했다. 수정안은 2015년 4월 30일 상임위에서 가결되어 같은 해 5월 18일 국회 본회의를 통과했다(재석 213인 중 찬성 210인, 기권 3인).

아이 엄마 이름조차 몰라야 하는 이상한 법

그러나 법 시행 이후에도 미혼부의 출생신고의 어려움이 완전히 해결되진 않았다. 미혼부의 출생신고를 간소화할 목적으로 만들어진 사랑이법은 '모의 성명·등록기준지 및 주민등록번호를 알 수 없는 경우'에 적용되는데, 일부 법원에서 모의 인적 사항 세 가지를 다 몰라야 사랑이법이 적용된다고 본 것이다. 서로 사귀고 아이까지 낳았는데 상대의 이름조차 모르는 일은 거의 없다. 그런데 미혼부가 모의 인적 사항 중 일부(이름)를 알고 있으면 친생자 출생신고를 위한 확인 신청을 받아주지 않았다. 어떤 미혼부는 아이 엄마가 출산하고 병원에서 발급받은 출생증명서를 가지고 있었다. 서류에 아이 엄마의 인적 사항이 다 나와 있지만 아이 엄마가 연락이 닿지 않으니, '모'가 하는 출생신고, 미혼부가 '모의 인적 사항을 모르는 경우'에 하는 출생신고, 그 어느 쪽도 할 수 없었다.

이때 유일한 방법은 아이 엄마를 찾는 일이다. 혼자서는 연락이 끊긴 사람을 찾는 데 한계가 있으니, 미혼부가 아이 엄마를 아동학대 혐의로 고소하는 일까지 벌어졌다. 처벌받게 하기 위해서가 아니라 수사기관의 힘을 빌려서라도 아이 엄마를 찾으려는 고육지책이었다. 수사기관이 아이 엄마를 찾아내면 검찰청 조정위원회에서는 미혼부에게 "아이 엄마에게 앞으로 절대 연락하지 않겠다, 양육비 청구도 하지 않겠다"라는 내용의 각서를 쓰게 했고, 아이 엄마는 그 각서를 받고 출생신고에 협조하도록 했다. 어느 법원에서는 아이의 출생증명서를 가지고 온 미혼부에게 이 서류는 없다고 해야 한다며 서류를 일부 반려하고 친생자 출생신고를 위한 확인 신청을 하도록 했다. 모의 인적 사항 세 가지를 다 몰라야 사랑이법이 적용된다는 해석이 있는 마당에 모의 인적 사항이 적힌 출생증명서를 내면 신청이 기각될 수 있어서 일부러 그렇게 한 것이다. 사정이 딱한 미혼부를 도와주려는 선의의 공무원들은 어쩔 수 없이 법을 어겼다.

법대로 했다가는 언제 출생신고를 할 수 있을지 기약이 없는 현실에서 법은 방향을 잃고 휘청거렸다. 이런 소극笑劇 같은 상황은 2020년 6월 8일 대법원에서 처음으로 '대한민국 국민으로 태어난 아동의 출생등록될 권리'를 천명하면서 일단 정리가 된다. 사건의 아이 아빠는 귀화한 한국인이고, 아이 엄마는 중국 국적이나 여권 효력이 정지되어 중국 당국으로부터 서류를 발급받을 수 없었다. 부득이하게 아이 아빠가 사랑이법에 따라 친생자 출생의 신고 확인을 구했으나 1, 2심 모두 기각되었다. '모의 인적 사항을 알 수 없는 경우'가 아니라는 이유였다. 대법원은 가족관계등록법에서 말하는 '모의 성명·등록기준지 및 주민등록번호를 알 수 없는 경우'는 예시적인 것이므로, 모의 인적 사항은 알지만 자신이 책임질 수 없는 사유로 출생신고에 필요한 서류를 갖출 수 없는 경우 등과 같이 그에 준하는 사정이 있는 때에도 사랑이법이 적용된다고 해석하는 것

이 옳다는 결론으로 사건을 파기 환송했다.[4]

21대 국회에서는 대법원의 확장 해석을 법률에 명시하면서 사랑이법을 보다 명확하게 하려는 추가 입법 작업이 곧 이어졌다. 법안 심사 과정에서 법원행정처가 유전자검사만으로 미혼부의 출생신고를 허용하자는 내용의 개정안을 제시하기도 했지만 친생자 추정과의 충돌은 여전히 남는다는 문제 등이 있어이 안에 대해서는 추후 더 논의하기로 하고, 사랑이법을 보다 섬세하게 수정하는 방향으로 정리되어 2021년 2월 26일 국회 본회의를 통과했다(재석 252인, 찬성 246인, 기권 6인). 사랑이법이 만들어지고 5년이 흐른 때였다.

아이가 여기 있다

서두에서 영화 두 편을 이야기하면서 출생이 없기에 죽음도 기록될 수 없다고 했는데, 이를 수정해야겠다. 태어남은 기록되지 못했으나 죽음을 기억해야만 하는 비극이 우리나라에서 일어났기 때문이다.

2021년 1월 인천에서 한 여성이 아홉 살 딸을 살해하고 일주일 뒤 자살을 시도하다 구조되었다. 여성은 법률상 혼인을 청산하지 않은 상태로 다른 남성과 사실혼 관계로 지내면서 딸을 출산했지만 출생신고를 하지 못했다. 딸은 법률상 남편의 친생자로 추정받기에 사랑이법이 적용되지 않는 경우였다.[5] 친부를 '부'로 해 출생신고를 하기 위해서는 일단 법률상 남편을 '부'로 한 출생신고를 한 뒤 자신이 법률상 남편을 상대로 친생자 부인의 소를 제기하는 복잡한 법적 절차가 필요했는데, 여성은 여러 사정으로 이를 하지 못했다.

친부인 남성은 딸이 출생신고가 되지 않아 학교를 가지 못하는 문제로 여성과 자주 다퉜고, 사건 발생 6개월 전쯤부터 별거했다. 늘 딸 사진을 가지고 다니고 형편이 어려워도 양육비를 꼬박꼬박 보내는 등 딸을 끔찍이 여겼던 남성은 여성에게 딸의 죽음을 들은 바로 그날 스스로 세상을 등졌다. 함께 살던 동생에게 유서 같은 문자를 보낸 후였다. "미안하다! 하민이(아이 이름)를 혼자 보낼 수도 없고 하민이 없이 살 자신도 없어!"[6]

'이름 무명녀, 성별 여, 주민등록번호 불상, 생년월일 불상.' 아이의 시체검안서에 이름이 '무명녀'로 적혔다. 엄마아빠가, 그리고 주위에서 불러준 하민이라는 이름이 있었지만 태어나 처음 만든 공식 문서에는 아이의 이름도, 짧은 삶도 없었다. 여성이 살인죄로 재판을 받는 동안 검사가 여성을 설득해 아이의 출생신고를 하도록 했다. 문서에 적힌 이름은 '하민.' 아이는 죽음 이후에야 존재를 인정받았다.

아동인권단체는 이런 문제를 해결할 방법은 보편적출생등록제도라고 주장한다. 아이가 태어날 때 병원에서 곧바로 출생을 국가에 통보해 출생신고에서 누락되는 아이가 없게 하면 부모가 아이를 출생신고 하지 않는 문제가 자연스럽게 해결되어 아동 학대나 방임도 쉽게 발견할 수 있다는 것이다. 정부도 그 필요성을 공감하고 있다. 2019년 〈포용국가 아동정책〉을 통해 출생통보제도를 도입하겠다고 발표한 정부는 2021년 6월 의료기관이 국가에 출생사실을 통보하도록 하는 내용을 담은 가족관계등록법 개정안을 입법예고했다.[7]

보편적출생등록제도가 필요한 이유는 어떤 아이도 부모를 선택해 태어날 수는 없기 때문이다. '사랑이'와 '하민이' 들이 존재하는 사회는 부모가 누구인가에 따라 태어난 아이를 차별하는 사회다. 그 아이들에게는 "누구든지 성별, 종교 또는 사회적 신분에 의하여 차별을 받지 아니한다"는 헌법의 문장이 태어날 때부터 무너져 있다. "아동은 태어난 즉시 출생등록되어야 한다"는 유엔 아동권리협약(제7조)의 저 당연한 법문이 아프게 다가오지 않게, 존재하지만 존재를 증명할 수 없는 아이들이 더 이상 없는 세상이 반드시, 하루빨리 와야 한다.

사랑이가 법이 되기까지

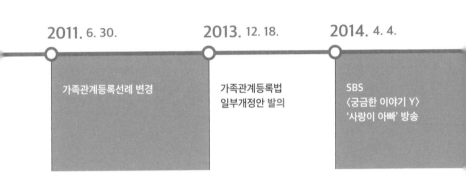

2011. 6. 30.
가족관계등록선례 변경

2013. 12. 18.
가족관계등록법
일부개정안 발의

2014. 4. 4.
SBS
〈궁금한 이야기 Y〉
'사랑이 아빠' 방송

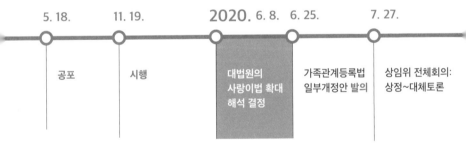

5. 18.
공포

11. 19.
시행

2020. 6. 8.
대법원의
사랑이법 확대
해석 결정

6. 25.
가족관계등록법
일부개정안 발의

7. 27.
상임위 전체회의:
상정~대체토론

4. 15.

상임위(법제사법위원회)
전체회의: 상정~소위 회부

11. 18.

상임위 법안심사
제1소위: 상정

2015. 4. 24.

상임위 법안심사
제1소위: 의결
(수정가결)

4. 29.

상임위 전체회의:
의결(수정가결)

4. 30.

본회의
통과

2021.

8. 25.

상임위 전체회의:
소위 회부

2. 23.~2. 24.

법안심사
제1소위:
축조 심사

2. 25.

상임위 전체회의:
의결(대안)

2. 26.

본회의
통과

3. 16.

공포

4. 17.

시행

가족관계의 등록 등에 관한 법률*

(법률 제13285호, 2015. 5. 18, 일부개정)

제57조(친생자출생의 신고에 의한 인지)

① 부가 혼인 외의 자녀에 대하여 친생자출생의 신고를 한 때에는 그 신고는 인지의 효력이 있다. (개정 2015.5.18.)

② 모의 성명 ·등록기준지 및 주민등록번호를 알 수 없는 경우에는 부의 등록기준지 또는 주소지를 관할하는 가정법원의 확인을 받아 제1항에 따른 신고를 할 수 있다. (신설 2015.5.18.)

③ 가정법원은 제2항에 따른 확인을 위하여 필요한 사항을 직권으로 조사할 수 있고, 지방자치단체, 국가경찰관서 및 행정기관이나 그 밖의 단체 또는 개인에게 필요한 사항을 보고하게 하거나 자료의 제출을 요구할 수 있다. (신설 2015.5.18.)

④ 다음 각 호의 어느 하나에 해당하는 경우에는 신고의무자가 1개월 이내에 출생의 신고를 하고 등록부의 정정을 신청하여야 한다. 이 경우 시 ·읍 ·면의 장이 확인하여야 한다. (신설 2015.5.18.)

1. 출생자가 제3자로부터 「민법」 제844조의 친생자 추정을 받고 있음이 밝혀진 경우.
2. 그 밖에 대법원규칙으로 정하는 사유에 해당하는 경우.

⑤ 확인절차 및 신고에 필요한 사항은 대법원규칙으로 정한다. (신설 2015.5.18.)

* 일명 '사랑이법.'

가족관계의 등록 등에 관한 법률*
(법률 제17928호, 2021. 3. 16, 일부개정)

제57조(친생자출생의 신고에 의한 인지)

① 부가 혼인 외의 자녀에 대하여 친생자출생의 신고를 한 때에는 그 신고는 인지의 효력이 있다. 다만, 모가 특정됨에도 불구하고 부가 본문에 따른 신고를 함에 있어 모의 소재불명 또는 모가 정당한 사유 없이 출생신고에 필요한 서류 제출에 협조하지 아니하는 등의 장애가 있는 경우에는 부의 등록기준지 또는 주소지를 관할하는 가정법원의 확인을 받아 신고를 할 수 있다. (개정 2015.5.18, 2021.3.16.)

② 모의 성명 ·등록기준지 및 주민등록번호의 전부 또는 일부를 알 수 없어 모를 특정할 수 없는 경우 또는 모가 공적 서류 ·증명서 ·장부 등에 의하여 특정될 수 없는 경우에는 부의 등록기준지 또는 주소지를 관할하는 가정법원의 확인을 받아 제1항에 따른 신고를 할 수 있다. (신설 2015.5.18, 2021.3.16.)

③ 가정법원은 제1항 단서 및 제2항에 따른 확인을 위하여 필요한 사항을 직권으로 조사할 수 있고, 지방자치단체, 국가경찰관서 및 행정기관이나 그 밖의 단체 또는 개인에게 필요한 사항을 보고하게 하거나 자료의 제출을 요구할 수 있다. (신설 2015.5.18, 2021.3.16.)

• 사랑이법을 보완한 개정법, 제4항과 제5항은 지면 관계상 생략했다.

의로움에
대하여

김관홍법

2014년 4월 16일,
근원적인 믿음이 바다 속으로 가라앉아버린 날,
그러므로 법이 침몰한 날,
그날 이후 법에 대해 다시 생각한다.

-박제성,《법률적 인간의 출현》역자 서문 중

김관홍
1973. 6. 20. ~ 2016. 6. 17.

경기도 고양시에서 태어났다. 군 제대 후인 1995년 레포츠 잠수를 배우기 시작해 레포츠 잠수 강사와 산업잠수사로 일했다. 2014년 4월 23일 세월호 실종자 수습을 위한 민간잠수사팀에 합류해 같은 해 7월 10일 해경의 철수 명령으로 현장을 떠날 때까지 팀원들과 함께 292명의 실종자를 수습했다. 민간잠수사팀 선임인 공우영 잠수사를 해경이 업무상 과실치사로 기소의견을 내어 송치한 일 등을 계기로 현장에서 벌어진 부당한 일들과 정부의 불의에 대해 적극적으로 발언했다. 허리 디스크, 어깨 회전근막 파열, 잠수병 등 여러 부상과 트라우마를 입었으나 정부의 치료 지원이 제대로 이루어지지 않아 후유증에 시달렸고, 다시는 잠수 일을 하지 못하게 되었다. 수면 장애와 감정 조절 장애에 시달리다 2016년 6월 17일, 아내와 어린 세 남매를 남겨둔 채 심장 쇼크로 사망했다.

김관홍법

2016년 6월 20일 '4·16세월호참사 피해구제 및 지원 등을 위한 특별법' 상 희생자 및 피해자 정의 규정을 확대해 세월호 구조·수습 과정에서 희생되거나 피해받은 이들이 손해배상 등을 받을 수 있도록 하는 내용으로 발의된 법안이다. 민간잠수사에 한정된 법안은 아니었으나 발의 직전 김관홍이 숨지면서 그를 추모하는 뜻에서 김관홍법이라고 불렀다. 2018년 7월, 발의안과 달리 민간잠수사에 대해 손실보상을 하는 내용으로 대폭 축소되어 상임위에서 수정가결되었다. 법사위 체계·자구 심사로 넘겨진 후 일부 의원들의 반대로 2년 넘게 묶여 있다가 20대 국회 마지막 회의가 열린 2020년 5월 20일, 법사위와 본회의를 통과해 같은 해 6월 9일 공포되고, 9월 10일 시행되었다.

◇ 법률 약칭 ◇

· 4·16세월호참사 피해구제 및 지원 등을 위한 특별법: 세월호피해지원법
· 수상에서의 수색·구조 등에 관한 법률 및 구 수난구호법*: 수상구조법

법이 가라앉은
시대의 비명非命

2014년 4월 16일 세월호가 침몰했다. 배는 만조 기준 수심 48미터 아래, 우현을 위로 좌현을 아래로 해 약 90도 기울어진 상태로 바닷속에 가라앉았다. 승선자 476명 중 구조된 172명을 제외한 304명이 배 안에 갇혔다. 선체에 진입해 실종자를 찾는 일이 시급했지만 스쿠버를 주로 하는 해경잠수사들은 심해 잠수 경험이 거의 없어 속수무책이었다. 어려움을 들은 민간잠수사들이 자발적으로 모였다. 국가가 부르기 전이었고 어떤 계약도 없었지만, 자신들을 절실히 필요로 하는 곳으로 스스로 왔다.

김관홍도 그중 한 명이었다. 5월부터 수중 공사 일을 하기로

* 구 수난구호법은 2015년 7월 24일 '수상에서의 수색·구조 등에 관한 법률'로 개정되었다. 이 글에서는 편의상 수난구호법과 '수상에서의 수색·구조 등에 관한 법률'을 모두 수상구조법으로 표기했다.

되어 있었지만 진도에 먼저 도착한 후배의 연락을 받고 기꺼이 갔다. 아이 셋을 둔 가장으로서 망설임이 없지 않았지만, 단 두 가지만 스스로에게 물었다. '이게 옳은 일인가, 내가 할 수 있는 일인가.' 실종자를 하루라도 빨리 찾는 것이 옳고, 심해 잠수 기술을 가진 자신이 할 수 있는 일이니 가야 했다.[1] 아내의 허락을 받은 4월 23일, 실종자 수색 작업에 합류했다. 뉴스에서는 잠수사들이 500명 넘게 있다고 했지만, 심해 잠수가 가능한 잠수사들은 채 10명이 되지 않았다.

배가 침몰한 곳은 전남 맹골도와 거차도 사이의 바다 골짜기, 맹골수도孟骨水道였다. 이름처럼 물살이 맹수처럼 거칠고 빠르며, 미세한 뻘로 가득 찬 험한 바다였다. 헤드 랜턴을 켜도 시야 20센티미터 정도밖에 보이지 않는 어둠 속에서 111개의 격실과 17개의 공용 공간을 헤치고, 좁고 어두운 배 안에서 시신을 두 팔로 꽉 끌어안아 한 몸이 되어야 선체까지 올라올 수 있었다.

수난구호업무 종사명령을 받다

수심 40미터가 넘는 심해에서는 하루에 한 번만 잠수를 하고, 5일 잠수를 하면 이틀은 쉬어야 한다. 그렇지 않으면 잠수 중 몸 밖으로 완전히 배출되지 않은 질소가 기포를 형성하여 피의 흐름을 방해해 뼈가 썩게 되는 골괴사에 걸릴 확률이 매우 높아진다. 하지만 민간잠수사들은 하루에 두세 번, 많게는 다섯 번까지 잠수를 했다. 유가족들의 애통함을 생각하면 '이러면 안 되지' 하면서도 들어갈 수밖에 없었다.[2]

해경잠수사들은 3교대로 여덟 시간만 바지선에 머무르고, 나머지 시간에는 함정으로 돌아가 쉬었지만, 선내 진입을 전담한 민간잠수사들은 바지선에서 숙식했기에 휴식다운 휴식을 할 수 없었다. 잠수를 하지 않을 때는 텐더*를 맡았다. 배 안에서 쏟아진 온갖 집기와 짐 때문에 크고 작은 부상을 당하기도 했지만 제 몸을 돌보지 못했다.

4월 30일 결국 김관홍은 잠수 뒤 챔버**에서 감압을 하다 의식을 잃고 쓰러졌다. 의사는 이 상태로 다시 바다에 들어가면 안 된다고 만류했지만 그는 병원에서 퇴원하자마자 바지선으로 돌아가 민간잠수사팀에 합류했다. 하루하루가 너무나 급박했다.

5월 6일, 이광욱 잠수사가 작업 중 숨졌다. 잠수사로서는 다소 많은 나이에도 집에만 있을 수 없어 5월 5일 민간잠수사팀

---

* 물속으로 들어간 잠수사를 수면 위에서 도와주는 이를 말한다. 잠수사의 생명줄인 공기 공급선을 잡아주며 나아가 잠수사에게 응급 상황이 생기지 않도록 대비하고 감시하는 역할을 한다.

** 체내에 쌓인 질소를 체외로 배출하도록 도와주는 밀폐 장치를 말한다. 챔버에 압축 공기를 주입해 챔버 내 압력을 잠수할 때와 비슷한 수준까지 올린 뒤 서서히 압력을 낮추면 챔버 안의 사람은 호흡을 통해 고농도 산소를 들이마시고 질소는 내뱉어 챔버 배출구로 방출한다.

에 합류한 뒤, 첫 잠수에 나선 날이었다. 해경 함정엔 군의관과 의무 시설이 있었지만, 바지선에는 의료인은커녕 심폐소생술을 할 장치도 없었다.

큰 사고가 나자 두 가지가 바뀌었다. 바지선에 그제야 의사가 배치되었고, 정부가 잠수사들에게 수난구호업무 종사명령을 내렸다. 불의의 사고가 발생하고 나서야 가장 기본적인 대책을 세워준 것이다. 늦었지만 그나마 다행이라고 생각했다. 이제는 자원봉사가 아니라 국가의 명령에 따라 잠수를 하는 것이니 작업 중 부상을 당하면 국가가 당연히 책임질 것이었다. 그 법적 지위가 평범한 민간업체의 약속보다 못한 허술한 것임을 당시로선 전혀 예상하지 못했다.

세 번의 배신

같은 해 7월 10일 해경은 잠수 방식을 바꾼다며 25명의 잠수사들에게 문자 한 통으로 철수를 통보했다. 그때까지 292명의 실종자를 수습하는 성과를 낸 잠수 방식을 왜 갑자기 바꿔야 하는지 이해되지 않았다. 70여 일간 열악한 환경에서 목숨까지 걸고 일한 잠수사들에게 양해도 없이 달랑 문자 한 통만을 보낸 것 역시 예의가 아니었다. 김관홍은 허탈함을 넘어 분노에 휩싸였다. 해경을 찾아가 항의해보았지만 소용없었다. 미

수습자 11명을 향한 미안함과 도우러 왔다가 쫓겨나게 된 자괴감에 차마 발걸음이 떨어지질 않았다.

25명의 잠수사는 잠수병 전문 치료 시설과 잠수의학 전문의가 있는 삼천포서울병원에 입원해 치료받았다. 안전 수칙을 어겨가며 잠수했으니 다들 몸이 말이 아니었다. 근육이 찢기고 인대가 늘어난 건 다반사였다. 골괴사가 발생해 어깨와 고관절, 무릎뼈가 썩어 들어가거나 신장병이 악화되어 투석을 받는 이도 있었다. 김관홍은 목 디스크가 심했고, 골괴사도 진행되고 있었다. 하반신 감각이 떨어져 대소변을 제대로 처리하지 못했고, 열 발자국을 쉼 없이 걸어가는 것조차 힘들었다. 잠수는 물론 일상생활조차 어려울 정도로 몸이 망가져 있었다.

트라우마도 심했다. 시신을 수습했기 때문이 아니라, 자발적으로 달려가 위험을 감수하고 도왔지만 상처만 남았기 때문이었다. 실종자를 찾고 있을 때 청와대 대변인이 잠수사들이 '일당 100만 원에 시신 한 구당 500만 원'을 받는다며 악의적 왜곡을 하기도 했다. 실종자 11명을 바닷속에 둔 채 쫓기듯 세월호를 나왔을 때는 일을 마무리하지 못했다는 자책감이 돌덩이처럼 가슴을 짓눌렀다. 환청과 환영, 악몽에 시달렸다. 심해에서 건져낸 아이들, 건져내지 못한 이들이 밤마다 찾아왔다.

몸과 마음이 무너져 있던 그 무렵, 잠수사들의 선임 격인 공우영 잠수사가 이광욱 잠수사의 죽음에 대한 업무상 과실치사 혐의로 기소되었다. 사고가 났을 당시 공우영은 참고인 조사를 받았다. 산업 현장에서도 사고가 생기면 동료들이 현장이 어떻게 돌아가는지, 어떤 상황이었는지 참고인 진술을 했기에 그때는 별로 개의치 않았다. 그런데 6월 무렵 해경이 공우영을 참고인이 아닌 피의자로 불러 조사하더니, 그가 병원에 입원한 8월에 검찰이 기어이 기소를 해버린 것이다.

가장 위험한 일을 했던 잠수사에게 동료의 죽음에 대한 책임까지 묻는 공권력 앞에서 김관홍은 말을 잃었다. 공우영이 유죄라면 그와 함께 일한 모든 잠수사가 유죄였다. 가족에게 떳떳하게 돌아갈 수도 없을 것 같았다. 실종자 11명을 남기고 쫓겨났을 때부터 시작된 울분은 공우영이 기소되면서 더욱 심해졌다. 온밤을 뜬눈으로 보내는 날이 많아졌다.

부상과 트라우마에서 회복되려면 아직 한참 멀었는데, 12월 31일 치료비 지원마저 중단되었다. 그동안은 중앙재난안전대책본부에서 구조 활동 참여자의 치료비 지원 의결에 따라 지급되었는데, 이를 연장하는 조치가 취해지지 않은 것이다. 치료가 시작될 때는 김석균 해경청장이 직접 병원에 와서 정부가 다 책임진다고 했지만, 치료가 중단될 때는 누구 하나 제대로 설명해주지 않았다.

정부가 치료비 지원을 언제 재개할지 몰라 잠수사들은 비용 부담 때문에 어쩔 수 없이 짐을 꾸려 뿔뿔이 흩어졌다. 김관홍은 집이 있는 경기도 일산의 한방 병원으로 옮겼다. 고압 산소 치료 시설도, 잠수의학 전문 의료진도 없었지만 앞으로 잠수로 생계를 잇지 못하는 마당에 선뜻 목돈을 들이기 어려웠다.

2015년 1월, 정부는 뒤늦게 회의를 거쳐 세월호피해지원법 시행(2016. 3. 29) 전날인 2016년 3월 28일까지 치료비를 지원하기로 다시 결정했다. 법 시행 이후에는 그 법에 따라 치료비를 지원받으면 된다는 취지였다. 그러나 정작 세월호피해지원법에는 잠수사들에게 치료비를 지원할 아무런 근거가 없었다. 법에서는 '희생자의 유가족과 피해자'에게 의료 지원 등을 하도록 했는데, 이 법에서 피해자는 세월호에 '탑승'했다가 부상을 당한 이와 그 가족으로 한정되어 있었다. 그래서 참사를 수습하는 과정에서 부상당한 이들이 포함될 여지가 전혀 없었다.

잠수병은 증상이 제각각이고 치료 기간이나 방법도 다르다. 어떤 이는 서너 달 고산소 감압 치료만으로 크게 호전되기도 하지만 그렇지 않은 이도 있다. 그럼에도 정부는 개별 부상의 경중에 상관없이 치료비 지원을 두 달 만에 다시 일률적으로 중단했다. 김관홍이 느낀 정부의 세 번째 배신이었다.

사회를 향해 말하다

김관홍은 스스로를 '노가다', '막일하는 사람'으로 불렀다. 대부분의 사람처럼 법이나 제도에 큰 관심이 없었다. 그러나 잠수사들의 선의가 짓밟히는 현실이 그를 바꾸어놓았다. 목소리를 내기 시작한 직접적 계기는 치료비 지원 중단 사태가 아니라 공우영에 대한 기소였다. 그는 공우영과 함께 자신도 기소되었다고 느꼈다. 법을 찾아 따져보기 시작했다. 아무리 생각해도 부당했다. "가만히 있으라." 규정에 따르고 질서를 지킨 이들을 죽음으로 내몬 그 말이 새삼 가슴에 사무쳤다.

그래서 가만히 있지 않기로 했다. 말하기 시작했다. 기자를 만나고 변호사도 만났다. 국가가 부르기 전에 자발적으로 달려가 뻔히 보이는 위험을 무릅쓰고 일한 사람을 정부가 어떻게 범죄자 취급할 수 있는지 사회에 되물었다. 잠수사들의 치료 중단에 대해서도 폭로했다. 그러자 질문이 생겨났다. 왜 세월호는 침몰했는가, 왜 아이들을 구하지 못했는가, 왜 진실은 밝혀지지 않는가. 자신보다 훨씬 더 깊은 상처에 시달릴 유가족들을 찾아가 곁에 머물렀다. 광화문 광장에 가고, 동거차도에 가고, 단원고 교실에도 갔다. 김관홍은 4·16연대의 자리를 지켰고, 국회 국정감사에 증인으로, 4·16세월호 참사 특별조사위원회(이하 '세월호특조위')의 청문회에 참고인으로 기꺼이 나왔다.

"저희가 간 게, 양심적으로 간 게 죄입니다. 그리고 두 번 다시 이런 일이 타인에게 일어나지 않기를 바랍니다. 어떤 재난에도 국민을 부르지 마십시오. 정부가 알아서 하셔야 합니다."[3]

"저는 잠수사이기 전에 국민입니다. 국민이기 때문에 달려간 거고, 제 직업이, 제가 가진 기술이 그 현장에서 일을 할 수 있는 상황이었기 때문에 간 것뿐이지, 국가 국민이기 때문에 간 거지 애국자나 영웅은 아녜요.… 고위 공무원들한테 묻겠습니다. 저희는 그 당시 생각이 다 나요. 잊을 수 없고 뼈에 사무치는데, 사회 지도층이신 고위 공무원께서는 왜 모르고 왜 기억이 안 나는지 … 저희는 단순한 거예요. 기면 기고 아니면 아닌 거. 진실은 다를 수 있지만 상황은 정확히 얘기를 해야죠."[4]

세상에 목소리를 냈지만, 그의 내면에선 치유되지 않은 상처들이 끊임없이 그를 갉아먹었다. 김관홍만의 문제가 아니었다. 유가족이 원치 않아 알려지진 않았지만, 마지막까지 함께 작업한 25명의 잠수사 중 한 명이 2015년에 스스로 목숨을 끊기도 했다.

"트라우마? 죽은 아이들이나 그 가족들은 저희에게 아무 짓도 안 해요. 꿈속에 나와도 저희에게 아무 짓도 안 해요. 되레 산 자들이, 살아 있는 사람들이 저희를 죽이는 거예요."[5]

잠수사들의 심리 치료가 급하다는 소식을 듣고 세월호특조위에서 배려를 해주어, 삼천포서울병원 퇴원으로 중단되었던 잠수사들의 치유 상담이 재개되었다. 평소 거의 울지 않는 바다 사나이들이지만 상담을 할 때는 눈물이 절로 솟구치곤 했다. 가족에게조차 다 말하지 못하는 아픔을 털어놓으며 서로를 위로했다. 한때 생을 포기하다시피 했던 한 동료가 특히 눈에 띄게 회복되어 다들 기뻐하기도 했다. 공우영 잠수사는 2015년 12월, 1년 4개월의 재판 끝에 1심에서 무죄를 선고받았다. 당연한 결과였지만 과정을 헤아리면 기쁘다기보다는 허탈했다. 게다가 검사가 항소했다.* 상처가 아물 듯하면서도 제대로 봉합되려면 아직 한참 멀어 보였다.

김관홍은 수면제와 못 마시는 술로 불면증과 트라우마를 달래면서도 하고 싶은 일이 많았다. 목·허리 디스크, 어깨 회전근개 파열, 골괴사 등에 시달리면서도, 해상 안전 교육 계획, 은평구 자원봉사자들과 하고 싶은 일들, 잠수사 처우 개선을 위한 프로그램, 동거차도 어민들을 위해 하고 싶은 일들을 이야기할 땐 힘이 넘쳤고 말은 빨라졌고 눈은 빛났다.[6] 숨지기 전날 저녁에도 4·16연대 사람들, 은평구 자원봉사자들과 술을 마시며 미래와 희망을 이야기했기에 그의 죽음은 더욱 갑작스럽고 안타까웠다.

"세월호잠수사법으로 불러주세요"

한편 '세월호 변호사'로 불리던 박주민 의원은 그 무렵 세월

• 항소심은 검사의 항소를 기각했고, 검사가 상고했지만 2017년 1월 대법원에서 무죄가 확정되었다.

호피해지원법상 피해자 개념을 확장하는 것을 주 내용으로 하는 개정안 발의 준비에 막바지 노력을 기울이고 있었다.[7] 세월호피해지원법에서 피해자의 개념은 '참사 당시 승선한 사람 중' 희생자 외의 사람과 그 가족, 희생자의 가족 등으로 한정되어 있는데, 개정안은 '참사 후' 구조 및 수습 활동을 하다 숨지거나 부상을 입은 경우도 포함하도록 했다. 법에 따라 피해자에게 주어지는 손해배상, 생활지원금, 의료지원금, 심리 상담의 혜택을 참사 수습 과정에서 부상을 입은 민간잠수사와 자원봉사자 등도 받게 하자는 취지였다.

개정안이 국회에 접수된 날은 김관홍이 세상을 떠난 지 사흘째인 2016년 6월 20일, 그가 살아 있었다면 44번째 맞을 생일이었다. 의원 발의 법안은 최소 공동 발의자가 10명인데, 이 법안은 박주민 의원 외 70명이나 되었다. 박 의원은 이 법안을 김관홍법이라고 불렀다. 생전의 김관홍이 제안한 내용을 반영하기도 했지만, 발의를 목전에 두고 안타깝게 세상을 떠난 '세월호 의인'을 추모하는 의미이기도 했을 것이다.

국가의 명령에 따라 구조 활동을 하다 부상을 입고 더 이상 잠수사로 생계를 이을 수 없게 되었다면 국가가 잠수사들의 부상을 치료해주고 그들이 입은 손실을 보상해주는 게 당연하다. 그러니 김관홍법은 어쩌면 발의 자체가 필요 없는 법이었다. 그러나 당시 수상구조법에는 수난구호업무에 종사하다 다친 이들에 대한 지원과 보상이 애매하게 규정되어 있어 문제였다.

또 수상구조법 담당 부처인 해경과 예산을 집행하는 전남도청, 세월호 참사를 총괄하는 국무조정실은 선례가 없다거나 법에 명확한 규정이 없다는 핑계로 문제를 해결해주지 않았다.

그들의 변명처럼 '법대로' 한다면 잠수사들이 그 차갑고 어두운 바닷속으로 들어갈 이유도, 다칠 것을 알면서 하루에 서너 번 씩 잠수를 할 이유도 없었다. 아니 '법대로' 한다면 후유증이 뻔히 보이는 일을 거절했어야 했다. 잠수사들이 마음으로 한 일을 정부는 법으로 판단했다.[8] 그 과정에서 잠수사들은 치료 시기를 놓쳤고, 몸과 마음의 부상은 악화되었다. 김관홍법은 그래서 이 문제를 해결하기 위해 수상구조법이 아닌 세월호피해지원법에 기댔다.

그러나 김관홍법은 순탄하지 못했다. 취지는 좋았지만 법 기술적인 문제가 복잡했고, 수상구조법과의 관계도 얽혀 있었다. 발의 2년 만에 당초 발의안보다 대폭 축소된 내용, 즉 민간 잠수사를 피해자 범위에 넣는 것이 아니라 추가 손실보상을 해주는 내용으로 상임위인 농림축산식품해양수산위원회를 통과했지만, 법사위의 체계·자구 심사에서 또 2년을 갇혀 있어야 했다. 행정부에 이어 입법부도 잠수사들을 끝내 외면하는가 싶더니 20대 국회 마지막 날인 2020년 5월 20일 법사위는 슬그머니 김관홍법을 다시 꺼내 가결했고, 김관홍법은 그날 본회의를 통과했다.

김관홍법이 아직 상임위도 통과하지 못한 2017년 12월 26일,

국회는 김관홍을 '2017 자랑스러운 국민상' 수상자 중 한 사람으로 선정했다. "우리 사회에 보이지 않는 곳에서 묵묵하게 어려운 사람을 돕고, 이웃을 위해 봉사하며, 희생하는 국민을 격려하기 위해" 국회가 처음 만든 상이었다. 국가가 스스로 '자랑스러운 국민'이라고 해놓고는 그 이름을 딴 법은 국회에서 몇 년을 묻혀 있었다. 자신의 안위 대신 양심과 공동체를 선택한 한 시민에 대한 국가의 예우는 그렇게 '간신히' 지켜졌다.

만일 그가 살아서 자신이 '자랑스러운 국민상'을 받는다는 사실을 안다면, 그리고 자신의 이름을 딴 법이 만들어졌다는 사실을 안다면 어떤 반응을 보였을까. 아마도 그는 탐탁찮아 했을 것 같다. 그는 생전에 "너는 몇 명 수습했느냐"는 질문을 그렇게 싫어했다. 민간잠수사들이 세월호 실종자를 수색한 방식인 표면 공급식 후카 잠수*는 기본적으로 여러 사람이 함께 해야 하는 작업이다. 실종자 수색 전에 사전준비팀이 배 안에서 통로를 개척하는 작업을 해야 했고, 잠수사가 실종자를 안전하게 데리고 나오기 위해서는 슈퍼바이저, 텐더, 통화수, 기록수 등의 지원 작업이 필수적이기 때문이다. 그래서 잠수사들이 '함께' 292명을 수습한 것이니 상을 주려면 잠수사들에게

---

* 공기통을 등에 메고 바다로 들어가는 스쿠버 방식과 달리 수상(바지선)에서 공기 호스를 통해 잠수사에게 산소를 공급하여 작업하는 방식이다. 배가 옆으로 누워져 있는 데다 유류품들이 공간을 곳곳에서 막고 있어 산소통을 메고서는 배의 구석구석을 수색할 수 없었기에 민간잠수사들은 표면 공급식 후카 방식으로 실종자를 수색했다.

'함께' 줘야 한다고, 법에 이름을 붙여 그 희생을 기리고 싶다면 잠수사들의 이름을 '함께' 불러달라고 하지 않았을까. 김관홍법이 아니라 세월호민간잠수사법이라고.

당연한 규정을 만드는 데
걸린 6년

해경잠수사가 세월호 실종자들을 수습하다가 부상을 입고 더이상 잠수를 할 수 없게 된다면, 그는 공무상 재해를 입은 것이다. 따라서 공무원재해보상법에 따라 치료(요양 급여), 재활 지원, 심리 상담을 받을 수 있고 장애가 남는다면 그에 맞는 보상을 받게 될 것이다. 반면 국가가 산업잠수 전문 회사와 계약을 맺었는데 소속 잠수사가 비슷한 일을 겪는다면 업무상 재해를 입은 것이 되어 산업재해보상보험법에 따라 치료(요양 급여), 일하지 못한 기간을 고려한 보상(휴업 급여), 노동력 상실로 인한 보상을 받을 것이다.

그러나 민간잠수사들은 공무원도, 회사 소속도 아니었다. 다만 정부는 이광욱 잠수사의 죽음을 계기로 뒤늦게나마 이들에게 수난구호업무 종사자라는 법적인 신분을 부여했다. 국가가 내린 명령에 따라 잠수를 하는 것이니 부상을 입으면 수상구조법에 따라 처리하면 될 일이었다.

수상구조법이 부른 혼란

그런데 당시 법이 엉망이었다. 법에서는 수난구호업무에 종사하다 장애를 입으면 보상을 한다고만 되어 있었다. 예컨대 골괴사로 뼈가 썩고 있다면 수술을 해서 인공 관절을 넣어야 장애로 인정되어 보상을 받을 수 있었다. 반면 골괴사 조짐이 있어 치료를 해야 하면 장애가 아니기에 아무런 지원을 받을 수 없었다. 초기 치료를 잘해 골괴사를 막을 수 있다면 당연히 그렇게 해야 하지만 법에서는 장애 보상만 규정되어 있고, 치료비 지원의 근거가 없었다. 해경청장이 잠수사들에게 충분히 치료를 받으라고 했고, 근로복지공단도 돕겠다고 했지만, 막상 법이 그렇게 되어 있는 걸 아무도 몰랐다. 공무원들은 법에 보상 규정만 있고 치료 지원 근거는 없어서 어쩔 수 없다며 치료비 지급을 거절했다.

부랴부랴 수상구조법 개정 작업이 이루어져 2016년 1월에 치료비 지원 규정이 마련되었다.[9] 개정된 법은 "장애에 대해서는 보상을 하되, 보상 기준에 해당하지 아니하는 신체상의 부상을 입은 때에는 치료를 실시한다"라는 내용이었다. 그러나 또 혼선이 생겼다. '보상'과 '치료'가 서로를 배제하는 것으로 해석되었기 때문이다. 즉 "보상 기준에 해당하지 아니하는 신체상의 부상을 입은 때"에만 치료비를 지원하고, 장애 등급을 받을 만한 부상은 보상만 되고 치료비 지원은 안 된다는 것이다. 예컨대 후유증이 남는 부상을 당한 경우 수술 후 장애 등급이 나오면 보상금은 받지만, 그때까지 들어가는 치료비는 지원되지 않는다. 보상 기준도 공무상 재해나 업무상 재해와 달리 앞으로 잠수로 생계를 잇지 못하는 것은 전혀 반영되지 않았다. 치료받는 동안 치료비는 물론 생계비도 지원되지 않았고, 보상금이래야 고작 1000만 원에서 3000만 원 정도에 불과했다.[10]

수상구조법이 이렇게 구멍이 많다 보니 아예 세월호피해지원법에 민간잠수사를 피해자로 포함시켜 각종 지원을 받을 수 있게 하자는 내용의 김관홍법이 발의되기에 이르렀다. 그런데 김관홍법이 상임위 법안 심사에 오른 건 발의로부터 약 1년 6개월이 지난 2017년 12월 1일이었다.

시간이 흐르는 동안 여러 변화가 있었는데 그중 하나가 보상과 치료가 선택적이던 수상구조법의 문제가 해결되었다는 점이다. 수난구호업무에 종사한 사람 등이 신체상의 부상을 입은 때에는 보상금 지급 여부와 상관없이 치료를 실시하게 하는 내용의 법이 2017년 3월 21일 시행되었다.[11] 보상과 치료의 문제가 늦게나마 해결된 건 다행이었지만, 수상구조법에서의 보상은 부상에 대한 보상으로 한정되어 있어, 잠수를 더 이상 할 수 없음으로써 발생하는 손실에 대한 보상은 여전히 근거 조항이 없었다.

이런 상황에서 법안 심사에 들어간 김관홍법은 원안 수정이 불가피했다. 게다가 정부에서는 세월호피해지원법에 따른 피해자 규정에 민간잠수사를 넣는 방안을 반대했다. 피해자에게는 법에 따른 배상을 해야 하는데 민간잠수사들은 배상이 아니라 보상의 대상이고, 보상은 수상구조법에 근거가 있다는 이유였다. 법적으로 보상은 배상과 완전히 다른 개념이다. 배상은 가해자의 고의 또는 과실로 피해자에게 발생한 손해를 전보하는 것인데 보상은 적법한 공권력의 행사로 인해 경제적으로 희생을 당했을 때 그 희생을 채워주는 것이다. 민간잠수사들에게 내린 수난구호업무 종사명령은 적법한 공권력의 행사이기 때문에 그 희생은 보상의 대상이지 배상의 대상이 아니라는 지적은 일리가 있었다.

김관홍법이 다른 법과의 중복과 법리적 문제 등으로 상임위에서 돌파구를 찾지 못하는 동안 잠수사들의 경제적 어려움은 심해져 갔다. 치료비는 지원받게 되었지만 부상 후유증으로 더 이상 잠수를 할 수 없어 당장의 생계가 막막했다. 2018년 2월 27일 해양수산법안소위에서 타협책이 제시되었다. 세월호피해지원법의 '보상' 규정에 민간잠수사에 대한 보상을 추가하자는 제안이었다. 기존 세월호피해지원법에서 보상의 대상은 세월호 참사로 피해를 입은 어업인, 진도군 거주자, 세월호 선체

인양 작업으로 발생한 유류 오염 등으로 피해를 입은 어업인으로 한정되었는데, 여기에 민간잠수사를 추가하자는 것이다. 이 수정안은 별 이견 없이 상임위에서 가결되었고, 다음 날(2. 28) 농림축산해양수산식품위원회 전체회의에서 가결되었다. 법안이 상임위를 통과하면 법안 개정 과정의 9부 능선을 넘은 셈이다. 그러나 김관홍법에는 이 관행이 적용되지 않았다.

법사위에 묶이다

상임위 가결 한 달여 만인 3월 29일, 법사위에 김관홍법을 포함한 87건의 법률안이 일괄 상정되었다. 윤상직 의원이 문제를 제기했다.

윤상직 위원
잠수사는 이미 다른 법률에 의해 가지고 지원을 열어줬거든요. 그 다음에 잠수사 사망 및 부상은 세월호 침몰하고 직접 관련은 없습니다. 일종의 산업재해와 관련될 수 있기 때문에 여기까지 확대해서 지원해주는 것이 맞느냐는 부분에 대해서 저는 2소위로 넘겨야 되겠다는 생각이고요.[12]

'2소위'란 법사위 법안심사제2소위원회를 말한다. 다른 상임위를 통과하고 법사위에 체계·자구 심사로 온 법안은 소위를 거치지 않는 것이 원칙이다. 그런데 체계와 자구의 문제가 아니라 정치적인 이유로 2소위로 넘어가는 법안이 있다. 국회에서는 법사위 법안심사제2소위를 '법안의 무덤'으로 부른다.[13] 그러니 2소위로 넘기자는 건 법안을 통과시키지 말자는 뜻이다.

법사위원장 권성동은 김관홍법을 2소위로 넘기지 말고 오후에 계속해 논의하자며 넘어갔다. 그러나 그날 오후 위원장은 김관홍법을 잊어버렸는지, 껄끄러웠는지 이에 대해 한마디 언급도 없이 회의를 마치려 했다. 박주민 의원이 급하게 제동을 걸었다.

박주민 위원

아까 세월호 특별법을 2소위로 하기로 한 것이 아니잖아요?

위원장 권성동

그것은 계속 논의가, 합의가 안 됐으니까, 또 4월 달에 논의가 있으니까 ······. 산회를 선포합니다.[14]

소관 상임위에서 여야 합의로 의결되어 법사위로 넘어간 법안에 대한 법사위의 권한은 말 그대로 체계·자구 심사권이다. 그런데 윤 의원은 체계·자구가 아니라 내용에 반대했다. 그것

자체가 월권인 데다 지적한 문제점 역시 모두 사실과 거리가 멀었다. 상임위에서 수정가결된 김관홍법은 다른 법률로 보상이 된 부분은 제외하도록 명시해 중복 지원의 문제가 없었다. 또한 민간잠수사의 부상이 산업재해와 관련된다는 것도 맞지 않았다. 산업재해는 사업체에 고용되어 일하다 생긴 사고여야 하는데, 수난구호업무에 종사하다 부상을 입었기 때문이다. 게다가 그날 오후에 다시 논의하자고 했다가 덮어버린 위원장의 회의 진행도 투명하지 않았다.

김관홍법은 법사위에 다시 상정되지 않는 한 회기 만료로 폐기될 위기였다. 그런데 2020년 4월 총선에서 절대 다수석을 차지한 여당이 김관홍법을 폐기 직전에 살려냈다. 21대 국회에서 다시 발의하면 다수의 힘으로 통과되는 게 문제되지 않으니 그럴 바에야 20대 국회에서 처리하자는 쪽으로 의견이 모아진 것이다. 20대 국회의 마지막 회의가 열린 5월 20일 김관홍법은 다시 법사위에 상정되었고, 눈 깜짝할 사이에 가결되었다. 이번엔 아무도 이의를 제기하지 않았다. 같은 날 법안은 본회의로 올라갔다. 재석 157인 중 찬성 152인, 기권 5인, 반대표는 없었다. 상임위에서 2년, 법사위에서 2년, 발의로부터 4년, 세월호 참사로부터는 무려 6년이 걸린 통과였다.

세월호 참사를 수습하다 질병이나 장애를 얻은 사람이 해경 잠수사였다면, 정부가 참사 초기부터 체계적으로 산업잠수업체와 계약을 맺어 그 사업체 소속 산업잠수사들을 투입했다면 이런 소동이 일어났을까. 해경잠수사들이 심해 잠수 경험이 부족해서, 정부가 민간업체와 계약할 여력마저도 없어서, 전국에서 자원한 민간잠수사들이 그 일을 도맡아 했다. 그럼 그들에게 마땅한 처우가 어떠해야 하는가. 이 간단한 질문에 당연한 답을 얻어내기까지, 국가의 수난구호업무 종사명령을 받은 후로부터 무려 6년이나 걸렸다.

의로운 행위에 대한 일그러진 예의

민간잠수사들에게 보상이 이루어지기까지 아쉬운 점이 한두 가지가 아니지만 그중 가장 큰 아쉬움은 의상자義傷者 불인정 결정이다. 해경은 이광욱 잠수사가 의사자義死者 인정을 받은 것과의 형평성을 위해 2014년 7월 10일까지 현장을 지킨 민간잠수사 25명에 대해 의상자 인정을 추진했다. 그러나 보건복지부 의사상자심의위원회가 이를 거절했다. '의사상자에 대한 예우 및 지원에 관한 법률'에 따르면 '직무 외의 행위로 위해危害에 처한 다른 사람의 생명·신체 또는 재산을 구하다가 사망하거나 부상을 입은 사람'이 의사상자인데, 잠수사들은 정부의 수난구호업무 종사명령에 따른 보수를 받고 일했으므로 '직무 외 행위'가 아닌 '직무 행위'로 실종자를 수습했다는 이유였다.[15] 그럴듯한 해석이 놓친 점은 잠수사들이 국가의 명령으로 온 게 아니라는 사실이다. 법적인 용어로 말하자면 '직무 외 행위'로 시작한 행위가 갑자기 '직무에 따른 행위'로 바뀌었는데, 그 전환은 잠수사들의 요청이 아니라 국가의 명령에 의해 이루어졌다.

잠수사들 중 상당수가 일상으로 돌아가지 못하는 (골괴사 등 부상 때문이기도 하지만) 가장 결정적인 원인은 트라우마였다. 심해 잠수를 하는 이들에겐 바다에서 시신을 건져내는 일이 아주 드물지는 않은데, 유독 세월호 참사에서 상흔이 심한 건 자발적으로 달려가 목숨을 걸고 작업을 했음에도 그 끝에 남은 게 자부심이 아니라 배신감과 수치감이라는 사실 때문일 것이다. 만약 이들이 의상자로 인정받았다면, 그들의 희생과 헌신을 의로운 행위라고 법적으로 인정해주었다면 그동안의 수치심과 모멸감으로 인한 트라우마를 어느 정도는 털어버릴 수 있지 않았을까.

참사 이후 6년간의 우여곡절 끝에 김관홍법이 만들어져 민간잠수사들이 최소한의 보상을 받게 되었지만, 세월호피해지원법에서 보상은 그 본질이 '손실 보상'이다. 부상을 당해 앞으로 잠수 일을 하지 못하는 것에 대해 금전적으로 보상해줄 뿐, 순수하게 달려간 그 마음에 갖추는 예우나 지원의 성격이 아니다. 의로운 행위에 일그러진 보상이 못내 안타깝다.

김관홍이 법이 되기까지

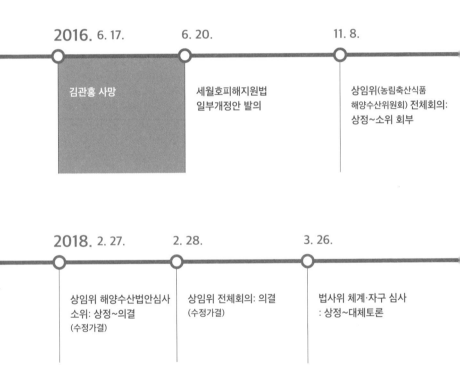

2016. 6. 17.

김관홍 사망

6. 20.

세월호피해지원법
일부개정안 발의

11. 8.

상임위(농림축산식품
해양수산위원회) 전체회의:
상정~소위 회부

2018. 2. 27.

상임위 해양수산법안심사
소위: 상정~의결
(수정가결)

2. 28.

상임위 전체회의: 의결
(수정가결)

3. 26.

법사위 체계·자구 심사
: 상정~대체토론

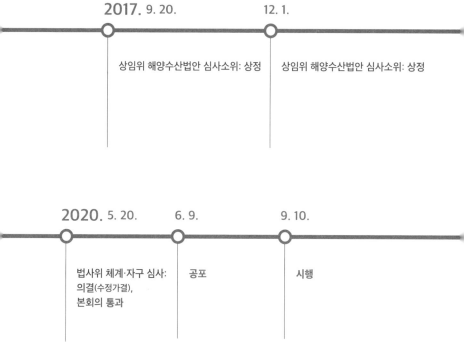

2017. 9. 20.

상임위 해양수산법안 심사소위: 상정

12. 1.

상임위 해양수산법안 심사소위: 상정

2020. 5. 20.

법사위 체계·자구 심사:
의결(수정가결),
본회의 통과

6. 9.

공포

9. 10.

시행

4·16세월호참사 피해구제 및
지원 등을 위한 특별법

(법률 제17465호, 2020.6.9, 일부개정)

제7조(손실의 보상 등)

② 국가는 4·16세월호참사와 관련된 구조 및 수습활동으로 사망하거나
부상을 입은 잠수사(공무원은 제외한다)에 대하여 그 유가족 또는 해당
부상자에게 보상금을 지급하여야 한다. 다만, 다른 법령에 따라 국가
또는 지방자치단체가 부담하는 같은 종류의 보상금을 지급받은 사람
에 대하여는 그 보상금에 상당하는 금액은 지급하지 아니한다. (신설
2020. 6. 9.)

③ 제1항 및 제2항의 보상금의 기준은 4·16세월호참사와 제1항 및 제2
항의 피해 사이의 인과관계 및 그 피해의 정도 등을 고려하여 대통령
령으로 정한다. (개정 2020. 6. 9.)

에필로그

동시대를 기록하는 일이라는 점에서 기자라는 직업을 좋아했다. 끈질기게 물고 늘어져서 숨겨진 사실을 발굴하거나, 세상을 놀라게 하는 특종은 한 번도 해본 적 없는 그렇고 그런 기자였지만, 사소한 일이라도 '지금 일어난 이 일'에 대해 나름대로 의미를 부여해 글로 남기는 일의 본질이 좋았다.

기자를 그만둔 지 10여 년 만에 '셀프 임명 기자'가 되어 취재를 하면서, 기자 시절 느낀 그 감정이 새롭게 다가왔다. 평범한 개인에게 일어난 일이 어떻게 우리 시대의 한 지점을 관통하는 사건이 되어 법과 사회를 변화시켰는지, 그 과정을 쓰면서 역사의 한 부분(아주 작은 부분이라 할지라도)에 대해 기록을 남긴다는 사실에 가슴이 뛰기까지 했다. 물론 의미 부여와는 별개로 결과물은 그리 대단치 않음을 안다. 명색이 변호사이지만 입법 분야에는 문외한인 데다, 작업 과정에서 유가족, 당사자, 기자와 교수 등 많은 분의 도움을 받았음에도 특정 사건과 개별 법에 대해 깊게 이해하지 못했고, 무엇보다 법과 삶이 서로 영향을 주고받으며 만들어내는 변화를 이해하는 데 필요한 통찰력은 짧은 시간 취재하고 연구한다고 바로 형성되는 게 아니었다.

그럼에도 부족한 글을 세상에 내놓는 건 이 작업을 하면서 우연히 접한 한 논문이 용기를 준 덕이다. 〈환자운동을 통한 환자안전법(종현이법) 제정 과정 연구〉[1]의 저자 김영희 씨는 법의 이름이 된 '종현이'의 어머니다. 평범한 주부던 그는 2010년 의사의 실수로 아홉 살 아들을 잃은 후 의료인들이 실수를 통해 배움으로써 같은 실수를 반복하지 않도록 제도 도입을 호소했고, 그 결과 병원의 '자율보고학습시스템' 구축 방안을 담은 환자안전법안(제정안)이 국회를 통과했다. 그는 이익단체가 반대하는 법을 평범한 시민들이 연대하여 만들어낸 과정을 기록으로 남기기 위해 늦은 나이에 공부를 시작했다. 아들의 죽음이 계기가 된 법 제정에 대해 논리 정연한 글을 쓴다는 게 얼마나 고통스러웠을지 상상조차 할 수 없는 나로서는 내 능력의 한계가 보이더라도 할 수 있는 데까지는 해야 한다는 의무감마저 들었다.

김영희 씨의 논문은 이름도, 얼굴도 모르는 동시대인들이 서로에게 얼마나 큰 힘이 될 수 있는지에 대해서도 큰 울림을 주었다. 종현이법은 종현이 가족만의 힘으로는 만들어질 수 없었다. 종현이 이전에 의료 사고로 사망한 이들의 유가족들의 경험 공유, 여러 환자 단체 활동가들의 헌신, 소신 있는 전문가들의 지지, 그리고 청원에 동참함으로써 힘을 보탠 시민들 ……. 한 사람의 이름으로 기억되는 법이 만들어진 데에는 기억되지 않은 수많은 이름들이 있었다. 이 책에 담긴 일곱 개의 이야기에서도, 이 책 작업에서도 마찬가지였다.

법에 이름을 내어준 이들에게 가장 먼저 깊은 감사를 드린다. 김미숙, 김동규·박정숙, 구호인, 김태양·박초희, 김혜연 님은 유가족으로, 김지환 님은 당사자로, 백종우 교수님은 임세원의 친구이자 관련 분야 전문가로 삶이 법과 어울려 빚어낸 이야기를 기꺼이 들려주었다. 그들이 나눠준 삶의 이야기를 제대로 전달했는지 두려움이 앞서지만, 이 책의 단 한 문장도 그들의 이름에 누가 되지 않기를 바라는 마음이 간절하다.

누군가의 이름이 법의 이름이 되는 과정에 도움을 준 이들, 그리고 영상으로, 기사로, 논문으로, 소설로 사건을 기록해 남겨준 이들에게도 깊은 감사를 전하고 싶다. 그들의 선행 작업이 아니었다면 셀프 임명 기자의 10여 년 만의 취재는 끝내 길을 잃었을지도 모른다. 그들 중 장하나 님을 비롯한 '정치하는 엄마들' 회원들, 김상용 교수님, 박준영·노종언·김수영 변호사님, 임소정 기자님은 귀한 시간을 내어주며 직접적인 도움을 주었다. 민간잠수사들의 구술 증언을 담은 《그날을 말하다》와

소설가 김탁환의 《거짓말이다》, 그리고 이 글에서 언급한 김영희 씨의 종현이법 관련 논문은 어떤 형태로든 남긴 기록이 갖는 가치를 새삼 가르쳐 주었다. 법이 되어 우리 곁에 남은 사람들을 너무 빠르게 잊어버리는 우리 사회를 안타까워하며 이 책을 기획하고 집필을 제안해준 편집자와 출판사에도 감사한다.

마지막 감사는 내 삶이 기댄 이름들에게 하고 싶다. 이 책을 쓰면서 한 이름이 수많은 다른 이름들에게 기대고 있음을 새삼 깨닫게 된 덕분에 오래전 돌아가신 아버지의 이름부터 시작해 내가 한 인간으로, 그리고 기자로 법률가로 성장해온 길에 기대었던 많은 이들의 이름을 마음으로 불러보았다. 그 모든 이름을 하나하나 다 적지 못하는 건, 법이 된 이름이 빚지고 있는 이름들을 다 적지 못한 이유와 같다.

입법 과정

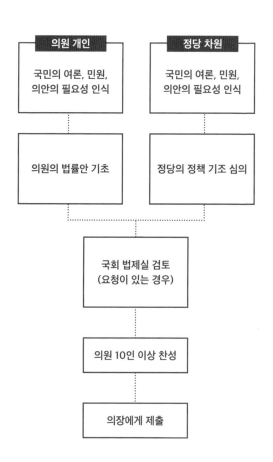

의원안 ·········· 발의

의원 개인

국민의 여론, 민원,
의안의 필요성 인식

정당 차원

국민의 여론, 민원,
의안의 필요성 인식

의원의 법률안 기초

정당의 정책 기조 심의

국회 법제실 검토
(요청이 있는 경우)

의원 10인 이상 찬성

의장에게 제출

```
                                           제출
┄┄┄┄┄┄▶  법률안 제안  ◀┄┄┄  정부안
                  │
                  ▼
              본회의 보고                        부처 초안 입안
                  │                                 │
                  ▼                                 ▼
              위원회 회부                      관계 기관과의 협의
                  │                                 │
                  ▼                                 ▼
              위원회 심사                        당정협의
                  │                                 │
                  ▼                                 ▼
              전체회의                          입법예고
                  │                                 │
              제안설명                              ▼
              검토보고                          규제심사
              대체토론                              │
                  │                                 ▼
                  ▼                            법제처심사
              소위원회                              │
                                                    ▼
              법안 심사                          차관회의
                  │                                 │
                  ▼                                 ▼
              전체회의                        국무회의 심의
                                                    │
              심사보고                              ▼
              찬반 토론                         대통령 재가
              표결(의결)
                  │
                  ▼
          법사위 체계·자구 심사
                  │
                  ▼
            심사보고서 제출
                  │
                  ▼
        본회의 심의(찬반 표결)
                  │
                  ▼
              정부 이송
                  │
                  ▼
                공포
```

일하다 죽지 않을 권리, 김용균법

1_ 이 기사는 한국편집기자협회가 선정한 제26회 한국편집상 대상을 수상
     했다.
2_ 김훈, 〈죽음의 자리로 또 밥벌이 간다〉, 《경향신문》, 2019.11.25.
3_ 〈故 김용균 씨 생전 모습 그리고 컵라면, 고장 난 손전등…그가 남긴 것들〉,
     MediaVOP, 2018.12.16.
4_ 김훈, 〈빛과 어둠-김용균 노동자의 죽음에 부쳐〉, 김용균이라는빛 북콘서
     트, 2019.9.19.
5_ 〈하청업체 산재 사망률, 원청보다 8배 높다〉, 《한겨레》, 2017.4.12.
6_ 〈오민규의 인사이드 경제 "산재 줄인 비결이요? 위험은 '남의 자식'에게"〉,
     《프레시안》, 2019.1.28.
7_ 〈'김용균법'은 어떻게 국회를 통과했나〉, 《시사인》, 2019.1.21.
8_ 김훈, 〈빛과 어둠-김용균 노동자의 죽음에 부쳐〉, 김용균이라는빛 북콘서
     트, 2019.9.19.
9_ 김훈, 〈죽음의 자리로 또 밥벌이 간다〉, 《경향신문》, 2019.11.25.
10_ 평화시장의 봉제 노동자들은 온종일 먼지를 마시는 환경에서 진폐, 기관
     지염, 폐결핵 등의 각종 호흡기 질환과 눈병을 일상적으로 겪었으나 그런
     병을 앓고 있는지조차도 모른 채 일을 해야 했다. 그러다 병이 심해져 쓰
     러지면 강제 해고되었다. 조영래, 《전태일 평전》, 아름다운전태일, 2020,
     113~122쪽, 288~294쪽.
11_ 유시민, 《나의 한국현대사(1959~2020)》(개정증보판), 돌베개, 2021,
     325~326쪽.
12_ 제365회 국회(임시회) 제2차 환경노동위원회 고용노동소위원회(2018.12.21)
     회의록, 11~14쪽.
13_ 〈본회의 직전까지 진통…'조국 국회 출석' 카드로 돌파구 찾아〉, 《한겨레》,
     2018.12.27.
14_ 〈구의역 김군법, 김용균법이 되어 살았다〉, 《한겨레21》, 제1224호, 2018.

12.28.

15_ 고 김용균 사망사고 진상규명과 재발방지를 위한 석탄화력발전소 특별 노동안전조사위원회, 〈고 김용균 사망사고 진상 조사결과 종합보고서〉, 2018.8, 185~214쪽.

16_ 조영래, 《전태일 평전》, 아름다운전태일, 2020, 21쪽.

영원의 시간 속에 살다, 태완이법

1_ '마지막 단서, 태완이 목소리', 〈추적 60분〉, KBS, 2015.7.5.

2_ 살인죄 공소시효 폐지 '태완이법' 통과 청원 기자회견, 2015.4.13.

3_ '태완이 엄마 눈물의 인터뷰', 〈이규연의 스포트라이트〉, JTBC, 2015.9.13.

4_ 헌법재판소 1996.2.16 선고 96헌가2 등 결정. 이 결정은 '5·18민주화운동 등에관한특별법'에서 규정한 공소시효의 '정지' 규정에 관한 설시다.

5_ 2011년 10월 28일 국회 본회의를 통과해 같은 해 11월 17일 공포, 시행되었다. 한편 13세 미만의 '여자'와 장애가 있는 '여자'라는 표현은 추후 13세 미만의 '사람'과 장애가 있는 '사람'으로 개정되었다.

6_ 서효원, 〈공소시효 관련 법률 개정의 현황과 문제점〉, 《형사소송 이론과 실무》, 제8권 제2호, 한국형사소송법학회, 2016, 2쪽; 박찬걸, 〈공소시효 의 정지·연장·배제에 관한 최근의 논의〉, 《형사법의 신동향》, 통권 제34권, 대검찰청, 2012, 117~118쪽.

7_ 2012년 11월 22일 국회 본회의를 통과해 같은 해 12월 18일 공포, 시행되었다.

8_ 2014년 7월 박대출 대표 의원안, 같은 해 9월 박인숙 대표 의원안, 2015년 3월 서영교 대표 의원안까지, 세 법안은 내용면에서는 앞선 세 법안과 대동소이했지만, 태완이 사건이 촉매가 되어 발의되었다.

9_ 2021년 작센하우젠 강제수용소에서 경비원으로 일한 100세 할아버지와 슈투트호프 강제수용소에서 비서로 일한 95세 할머니가 각각 살인 방조 혐의로 기소되었다. 2020년에는 슈투트호프 강제수용소에서 경비원으로 일한 95세 할아버지가 징역형의 집행유예를 선고받았고, 2016년에는 경

비원으로 일한 95세 할아버지에게 징역 5년이 선고되었다. '95세 나치 경비원에게 살인 책임 묻는 독일', 〈특파원 리포트〉, KBS, 2020.7.16; 〈독일 검찰, 100세 노인에 '홀로코스트 조력' 혐의 3천518건 기소〉, 《연합뉴스》, 2021.2.10.

10_ 홍찬기, 〈공소시효 폐지에 대한 평가와 과제〉, 《형사법연구》, 제27권 제3호, 한국형사법학회, 2015, 200~201쪽.

11_ 박상규·박준영, 《지연된 정의》(2판), 후마니타스, 2020, 190쪽.

12_ 2015년 6월 17일 국회 법사위에서 형사소송법 개정안을 논의했지만 법적 안정성을 이유로 반대하는 목소리가 컸다. 제334회 국회(임시회) 제1차 법제사법위원회 법안심사제1소위원회(2015.6.17) 회의록, 45~51쪽.

부모의 자격, 상속의 자격, 구하라법

1_ '구하라, 끝나지 않은 세 사건', 〈이규연의 스포트라이트〉, JTBC, 2019.7.23.에서 공개된 구하라의 생전 일기 중 일부.

2_ 〈12년 만에 나타나 세월호 사망 딸 보험금 수령…비정한 친부〉, 《한국일보》, 2014.5.27; 〈보상금 위해 27년만에 나타난 친모…'제2의 최진실법' 절실〉, 《머니투데이》, 2014.5.28; 〈자식 친권 내세우는 부모들… 세월호 유가족 상속법 딜레마〉, 《세계일보》, 2014.6.15; 〈이혼 후 보험금만 챙기는 파렴치 부모 막을 수 없나〉, 《한국보험신문》, 2014.6.16.

3_ 헌법재판소 2018.2.22. 선고 2017헌바59 결정. 청구인은 딸이 네 살 때 이혼해 그 후 딸을 홀로 키웠는데, 딸이 30세에 미혼으로 교통사고로 사망 후 사고보상금이 자신과 전 남편에게 반반씩 지급되자 전 남편을 상대로 상속분 반환 청구 소송을 했다. 그 소송에서 피상속인에 대한 부양의무를 이행하지 않은 직계존속을 상속결격사유로 규정하지 않은 민법 제1004조에 대해 위헌법률심판 제청 신청을 했으나 법원이 이를 받아들이지 않자 헌법소원을 냈다. 헌법재판소는 "피상속인에 대한 부양의무를 이행하지 않은 직계존속의 경우를 상속결격사유로 규정하지 않았다고 하더라도 이것이 입법형성권의 한계를 일탈하여 다른 상속인인 청구인의 재

산권을 침해한다고 보기 어렵다"라며 청구를 기각했다.

4_ 차미경, 〈양육하지 않은 친부모의 상속실태, 문제점과 입법제안〉, 《제2차 여성가족포럼 자료집》, 2014.10.27, 6쪽.

5_ 박지원, 〈부양의무 해태와 상속결격 관련 미국 입법례〉, 《최신 외국입법정보》, 통권 제133호, 국회도서관, 2020.

6_ 공무원구하라법이란 2020년 12월 1일 국회를 통과한 공무원연금법 및 공무원재해보상법을 말한다. 공무원이거나 공무원이었던 사람에 대하여 양육책임을 이행하지 않은 유가족에게 연금 및 보상급여의 전부 또는 일부를 지급하지 않는 내용으로, 두 법 모두 2020년 12월 22일 공포되어 2021년 6월 23일 시행되었다.

7_ 20대 국회 임기 만료를 목전에 둔 2020년 5월 22일 국회 소통관 기자회견장에서 열린 '구하라법 통과 촉구 기자회견'에서 구호인 씨가 한 말의 일부를 인용했다.

8_ 오종근, 〈상속결격사유-낙태의 경우〉, 《가족법연구》, 제7호, 한국가족법학회, 1993, 284쪽.

9_ 윤진수, 《친족상속법 강의》, 박영사, 2020, 346쪽.

10_ 법안(의안번호1813961)의 제안 이유에서 "고령화 시대를 맞이하여 부양이 필요한 기간이 늘어나지만 핵가족화 등 가족제도의 변화로 부모 등에 대한 자식의 무관심이나 부양의무 회피현상이 나타나고 있"다고 지적했다.

11_ 제377회 국회(임시회) 제2차 법제사법위원회 법안심사제1소위원회(2020. 4. 29) 회의록, 23~28쪽.

12_ 〈소방관 딸 순직하자…32년 만에 나타난 생모는 1억 타갔다〉, 《중앙일보》, 2020.5.31.

13_ 차미경, 〈양육하지 않은 친부모의 상속실태, 문제점과 입법제안〉, 《제2차 여성가족포럼 자료집》, 2014.10.27, 31쪽.

어린이가 어른이 되려면, 민식이법

1_ 박준환, 〈어린이 보호구역 내 어린이 교통사고의 처벌 및 예방 관련

법적 쟁점과 과제-민식이법을 중심으로〉, 제143호, 국회입법조사처, 2020.6.4, 3쪽.

2_ 같은 보고서, 3쪽.

3_ 도로교통법 일부개정법률안(의안번호 2022871) 제안 이유 중에서 인용.

4_ 〈"스쿨존 사고 더 이상 없도록.." 민식이법 촉구한 엄마의 눈물, 문재인 대통령의 답변은?〉, 《엠빅뉴스》, 2019.11.20.

5_ 20대 국회가 개원한 2016년에 일찌감치 어린이보호구역지정시설 주 출입문으로부터 100미터 이내의 횡단보도에는 신호기를 우선적으로 설치하는 내용의 개정안(이언주 의원 대표 발의), 어린이보호구역에 무인 교통단속용 장비 설치를 의무화하고 주정차를 금지하는 법률안(이용득 의원 대표 발의), 어린이보호구역에 속도 제한에 관한 안전 표지, 무인단속용 장비, 과속 방지 시설 등을 의무적으로 설치하는 법률안(이용주 의원 대표 발의)이 발의되었고, 그 후로도 비슷한 내용의 법률안이 다섯 개나 더 나와 있었다.

6_ 법안은 상임위 전체회의에 상정된 후 법안심사소위로 가는데, 먼저 소위에 회부되어 심사 중인 안건과 직접 관련된 안건이 위원회에 새로 회부되면 위원장이 간사와 협의해 필요하다고 인정할 때 그 안건을 바로 해당 소위에 회부해 함께 심사하게 할 수 있다(국회법 제58조 제2항). 마침 당시 어린이 통학 버스 관련 도로교통법 개정안이 소위에 회부되어 있어 위 규정을 적용했다.

7_ 오전 11시 17분에 시작해 11시 41분에 정회하고, 오후 2시 10분에 시작해 2시 21분에 마쳤다. 제371회 국회(정기회) 제7차 행정안전위원회 법안심사소위원회(2019.11.21) 회의록, 24~32쪽.

8_ 법안 상정은 전체회의에서만 가능한데, 이 법안은 법안심사소위로 바로 올려졌기 때문에 상정과 가결이 같은 날인 2019년 11월 27일로 기록되어 있지만, 실질적으로는 상정부터 가결까지 6일이 걸린 셈이다.

9_ 헌법재판소 1997.1.16. 선고 90헌마110 등 결정 참조. 가해 자동차가 모든 손해를 담보하는 종합보험에 가입되어 있으면 이른바 '12대 중과실'에 해당하지 않는 한 형사처벌을 받지 않도록 되어 있는 게 이런 이유에서다.

10_ 전상수, 〈특정범죄 가중처벌 등에 관한 법률 일부개정법률안(의안번호

2022869, 2022888) 검토보고서〉, 2019.11.

11_ 제371회 국회(정기회) 제12차 법제사법위원회(2019. 11. 29) 회의록, 2~3쪽.

12_ 박상훈, 〈더 많은 입법이 우리 국회의 미래가 될 수 있을까〉,《국가미래전략 insight》, 제4권, 2020.10.15, 13쪽.

13_ 헌법재판소 1992.4.28. 선고 90헌바24 결정. "특정범죄가중처벌등에관한법률이라는 예외적이고도 특별한 법률제정형식을 빌리는 입법방법은 일면 특정범죄에 대한 입법정책의 수행에 효과적으로 대응하여 국민의 관심을 불러일으킴으로써 일반예방적 입법목적을 탄력적으로 달성할 수 있는 긍정적인 효과를 얻을 수 있다는 점에서 그 필요성을 전혀 부인할 수는 없지만, 반면 당시의 특수한 사정과 필요에 따라 제정되는 결과로 총체적인 법체계의 정당성 상실로 법적 안정성을 해칠 우려가 있고 그에 따른 국민의 법인식의 혼란과 형벌의 가중현상을 야기시켜 새로운 흉악범을 양산시킬 수가 있다는 점에서 부정적인 효과도 대단히 크다는 점을 간과할 수가 없다."

14_ 제371회 국회(정기회), 제12차 법제사법위원회(2019.11.29) 회의록, 2~3쪽.

15_ 〈취재수첩-법조인의 역할〉,《법률신문》, 2020.4.2.

16_ 장영수, 〈'민식이법' 논란, 감정적 과잉 처벌은 안된다〉,《동아일보》, 2020. 5.5; 대한변호사협회, 〈2020대한변협입법평가보고서〉, 2021.2, 43쪽.

17_ 찬성의견에 관하여 한상진, 〈왜냐면: 민식이법 이후의 운전자 걱정〉,《한겨레》, 2020.1.29; 전상수, 〈법률 시대를 읽다-어린이보호구역 교통안전을 위한 특정범죄가중처벌법 개정〉,《국회보》, 통권 638호, 2020; 반대의견에 관하여, 김두상, 〈과실범의 가중처벌에 관한 일고찰-특가법상 어린이 보호구역에서 어린이 치사상의 가중처벌을 중심으로〉,《법과정책연구》, 제20권 제4호, 한국법정책학회, 2020.; 성홍재, 〈체계정당성 원리를 토대로 어린이보호구역내 업무상 과실치사상죄 가중처벌조항(소위 '민식이법')에 대한 법리적 검토〉,《치안정책연구》, 제34권 제3호, 치안정책연구소, 2020 참조.

18_ 〈무인 교통단속장비 확충, 안전한 통학환경 조성 등 어린이보호구역 교통안전 강화대책 본격 추진 정부 합동 어린이보호구역 교통안전 강화 2020년도 이행계획 마련〉, 관계부처(행정안전부·교육부·경찰청) 합동 보도자

료, 2020.3.25.

'아픈 사람'이 '나쁜 사람'이 되지 않게, 임세원법

1. 닥터로, <정신과 의사의 비애, 임세원 교수를 기리며>, 2020.5.17. https://brunch.co.kr/@omydoc/12
2. 임세원의 마지막 날에 대한 사실관계는 형사 사건 판결문과 의사자인정 거부처분취소 행정사건 판결문을 참조해 썼다.
3. 임세원의 SNS 글(2018.10.7) 발췌.; 고 임세원 교수 추모사업위원회, 《희망의 근거》, 알에이치코리아, 2019, 32~34쪽.
4. <우울증 밝힌 임세원의 희생…"낙인 안 된다"는 유가족의 품격>, 《중앙일보》, 2019.1.7.
5. 임세원의 유가족은 2021년 1월 임세원의 모교인 고려대학교에 의학발전기금으로 1억 원을 기부했다.
6. 임세원 살인 피고인에 대한 형사 사건 판결문에 나온 사실 관계를 바탕으로 썼다.
7. 이해국, <정신건강을 위한 치료와 지원시스템 개선방향>, 《임세원법 입법 공청회 – '정신건강복지법' 개정을 중심으로 자료집》, 2019.2.9, 36쪽.
8. 플라톤, 《법률》, 박종현 옮김, 서광사, 2009, 793~794쪽; 신권철, <강제입원 위헌(헌법불합치)결정의 의미와 향후 과제>, 《서울법학》, 제24권 제4호, 서울시립대학교 법학연구소, 2017, 4~5쪽에서 재인용.
9. 경범죄처벌법이 전부개정(2012. 3. 21)되기 전까지 '정신병자 감호 소홀'이 경범죄의 하나로 규정되어 있었다.
10. 구 정신보건법에서는 정신질환자의 보호의무자 두 명이 동의하고 정신과 의사 한 명이 입원이 필요하다고 판단하면 정신질환자에 대해 최소 6개월, 길게는 10년 이상 강제 입원이 가능했다. 이러한 보호입원제도는 입법 목적대로 정신질환자의 보호를 위하여 이용되기도 했지만, 부양의무자 등 가족이 정신질환자를 감당하기 힘들어 포기하거나 정신질환자에 대한 부양의무를 회피하기 위한 수단으로, 혹은 정신질환자의 재산을 뺏

는 등의 목적에 남용되는 일도 적지 않았다. 헌법재판소는 2016년 9월 29일 위 보호입원조항에 대해 재판관 전원 일치로 위헌(헌법불합치)을 선언했다(2014헌가9). 보호입원제도 자체가 위헌적인 것은 아니나 절차 미비가 정신질환자의 신체의 자유를 침해한다고 보았다. 한편 2014년에 정부의 정신보건법 전부개정안이 이미 국회에 제출되었으나 논의에 진척이 없다가 헌법재판소가 2016년 4월 14일 위 조항에 대한 공개 변론을 여는 등 그 판단이 임박했다는 조짐이 보이자, 국회는 헌법재판소의 최종 판단이 나오기 전인 2016년 5월 17일 전부개정안을 통과시켰다. 개정법에서는 보호입원제도 자체는 유지하면서 절차 등을 보완했다.

11_ 보건복지부는 2016년 정신건강복지법 개정으로 시행되고 있는 입원적합성심사위원회제도가 시행된 지 2년 밖에 되지 않은 시점에서 새로운 입원심사제도를 도입하는 것이 바람직하지 않다는 이유로, 법무부는 정신질환 예방 및 치료 등 정신질환 관련 사항은 보건복지부 소관 업무로, 행정부 소관 업무에서 행정부를 배제하고 사법부인 법원이 이를 수행하는 것은 헌법상 권력 분립의 원칙을 침해할 수 있다는 이유로 반대했다. 박종희, 〈정신건강증진 및 정신질환자 복지서비스 지원에 관한 법률 일부개정법률안(의안번호 2018323 등) 검토보고서〉, 2019, 108쪽.

12_ 예컨대 비상문 설치의 경우 건축법상 저촉되거나 기존 건물 구조상 변경이 불가능하는 등의 이유로 현실적으로 설치가 어려울 수 있는데 모든 의료 기관에 안전조치 강화 방안을 적용할 필요는 없다는 목소리도 있었다. 박종희, 〈의료법 일부개정법안(의안번호 2018039 등) 검토보고서〉, 2019, 101~102쪽.

13_ 〈"14년 봉사했는데 환자 손에 숨졌다" 제2임세원 비극〉, 《중앙일보》, 2020.8.6.

14_ 보건복지부 의사상자심의위원회는 애초에는 임세원을 의사자로 인정하지 않았다. 의사자의 구조행위는 '자신의 생명 또는 신체상의 위험을 무릅쓰고 급박한 위해에 처한 다른 사람의 생명·신체 또는 재산을 구하기 위한 직접적·적극적 행위'여야 하는데 임세원이 피신 중 멈춰 서서 간호사에게 "도망가, 신고해"라고 외친 행위만으로는 '직접적·적극적' 구조 행위라고 볼 수 없다는 것이다. 임세원의 유가족은 불인정 결정에 불복해 행정소

송을 제기했고, 서울행정법원은 2020년 9월 10일 임세원을 의사자로 인정하지 않은 것은 위법하다는 판결을 내렸다. 법원은 절체절명의 위기 상황에서 3초간 멈춰 서서 간호사의 안전을 확인하고 "도망가, 신고해"라고 외친 것은 그 상황에서 할 수 있는 '직접적·적극적' 구조 행위에 해당한다고 보았다. 보건복지부 의사상자심의위원회는 2020년 9월 24일 법원 판결 취지대로 임세원을 의사자로 인정했다.

태어났기에 당연한 것, 사랑이법

1_ 호적선례 제2-80호(1987. 1. 16. 제정)는 생부가 모의 인적 사항을 알지 못하는 경우 '모는 성명불상임'이라고 기재하여 부가 출생신고를 할 수 있도록 하고 있었다. 그 후 약간의 변동은 있었지만, 생부가 모 불상의 출생신고를 하는 경우에 이를 수리하여야 한다는 법원의 기본 입장은 그대로 유지되고 있었다. 그런데 2011년 6월 30일 가족관계등록선례 제201106-2호가 제정되면서 출생신고서에 모의 인적 사항(성명, 등록기준지, 주민등록번호)을 기재하지 않은 경우에는 출생신고를 수리하지 않도록 바뀌었다. 김상용, 〈생부(미혼부)의 권리에 관한 소고-생부의 출생신고와 친생부인권을 중심으로〉, 《중앙법학》, 제22권 제1호, 2020, 159쪽.

2_ 2012년 서울가정법원에 근무했던 한 판사는 가족관계등록선례가 변경된 후 다른 판사들과 의논해 미혼부로 하여금 성본 창설을 위한 특별 대리인 선임 청구를 하게 한 뒤 특별 대리인 이름으로 아이의 성본 창설 허가 청구를 하도록 유도했다고 한다. 전연숙, 〈법원칼럼-혼인 외 출생자의 출생신고〉, 《경상일보》, 2015.10.29.

3_ 〈사라진 엄마…출생신고도 못하는 아기, 입대 앞둔 아빠는 이별의 편지를 썼다〉, 《한겨레》, 2013.11.28; 베이비 박스는 주사랑공동체교회가 운영하는 위기영아긴급보호센터로, 불가피한 사정으로 아이를 키우지 못하는 부모가 맡긴 아기를 긴급보호 후 국가에 인도하는 역할을 하는 시설이다.

4_ 대법원 2020.6.8.자 2020스575 결정.

5_ 2021년 3월 6일 개정된 가족관계등록법이 "모의 소재불명 또는 모가 정

당한 사유 없이 출생신고에 필요한 서류에 협조하지 아니하는 등의 장애가 있는 경우에는 부의 등록기준지 또는 주소지를 관할하는 가정법원의 확인을 받아 신고를 할 수 있다(제57조 제1항 단서)"고 규정해 부가 모의 도움 없이 출생신고를 할 수 있는 가능성이 생겼지만, 이 사건은 위 법이 개정되기 전에 발생했다.

6_ '#살아있었다, 미혼부의 출생신고', 〈PD 수첩〉, MBC, 2021.3.9.

7_ 이에 대해 대한개원의협의회에서는 정부가 할 일을 의료인에게 미룬다며 비용 등의 문제로 반대하고 있고, 출산 사실을 알리고 싶어 하지 않는 미혼모가 병원 출산을 기피하면 산모와 아동에게 더 큰 위험이 초래될 수도 있다는 반대의 목소리도 있다.

의로움에 대하여, 김관홍법

1_ 김탁환, 《거짓말이다》, 북스피어, 2018, 387~388쪽.

2_ 김관홍, 〈세월호참사진상규명촉구 각계선언 국민대회〉(2015. 5. 30) 모두 발언 중에서 인용.

3_ 2015년 9월 15일 국회 안전행정위원회 국정감사(피감사기관: 국민안전처)에서 참고인으로 출석해 한 발언 중에서 인용.

4_ 4.16세월호 참사 특별조사위원회 제1차 청문회(2015.12.16)에서 참고인으로 출석해 한 발언 중에서 인용.

5_ "'우리는 버림받았습니다'…법정에 선 세월호 잠수사', 〈뉴스토리〉, SBS, 2015.4.16; '세월호 잠수사 김관홍의 죽음', 〈궁금한 이야기 Y〉, SBS, 2016.6.24.

6_ 김탁환, 《거짓말이다》, 북스피어, 2018, 380쪽.

7_ 개정안은 '피해자'뿐 아니라 '희생자'의 정의도 확대하는 내용인데, 이 글에서는 '희생자' 정의 규정의 내용은 생략했다.

8_ 김탁환, 《거짓말이다》, 북스피어, 2018, 224쪽.

9_ 2015년 11월 정청래 의원이 대표 발의한 구 수난구호법 개정안이 2015년 12월 31일 수상구조법 개정안으로 국회를 통과해 2016년 1월 27일 공포

되고 같은 해 7월 8일 시행되었다.

10_ 민간잠수사 55명이 보상을 신청해 그 중 27명이 보상을 받았고, 그 금액
    은 1000만 원 남짓이었다. 제348회 국회(임시회) 제1차 안전행정위원회
    (2017.1.9) 회의록, 8쪽.

11_ 2016년 12월 이재정 의원이 대표 발의한 수상구조법 개정안이 2017년
    3월 2일 국회를 통과해 같은 해 3월 27일 공포·시행되었다.

12_ 제358회 국회(임시회) 제1차 법제사법위원회(2018.3.29) 회의록, 38~39쪽.

13_ 김하영, 〈[국회단상] 법사위의 시간〉, 《대한변협신문》, 2020.1.13.

14_ 제358회 국회(임시회) 제1차 법제사법위원회(2018.3.29) 회의록, 53쪽.

15_ 이광욱 잠수사는 정부의 수난구호업무 종사명령이 내려지기 전에 사망했
    으므로 '직무 외 행위'가 인정되었다.

에필로그

1_ 김영희, 〈환자운동을 통한 환자안전법(종현이법) 제정 과정 연구〉, 대구가
   톨릭대학교 사회학과 석사학위논문, 2019.

참고문헌

- 고 김용균 사망사고 진상규명과 재발방지를 위한 석탄화력발전소 특별노동안전조사위원회, 《고 김용균 사망사고 진상 조사결과 종합보고서》, 2018.
- 고 임세원 교수 추모사업위원회, 《희망의 근거》, 알에이치코리아, 2020.
- 김두상, 〈과실범의 가중처벌에 관한 일고찰-특가법상 어린이 보호구역에서 어린이 치사상의 가중처벌을 중심으로〉, 《법과정책연구》, 제20권 제4호, 한국법정책학회, 2020.
- 김상용, 〈생부(미혼부)의 권리에 관한 소고-생부의 출생신고와 친생부인권을 중심으로〉, 《중앙법학》, 제22권 제1호, 중앙법학회, 2020.
- 김소영, 《어린이라는 세계》, 사계절, 2021.
- 김영희, 〈환자운동을 통한 환자안전법(종현이법) 제정 과정 연구〉, 대구가톨릭대학교 사회학과 석사학위논문, 2019.
- 김탁환, 《거짓말이다》, 북스피어, 2018.
- 박상규·박준영, 《지연된 정의》(2판), 후마니타스, 2020.
- 박상훈, 〈더 많은 입법이 우리 국회의 미래가 될 수 있을까〉, 《국가미래전략 insight》 제4권, 2020.
- 박준환, 〈어린이 보호구역 내 어린이 교통사고의 처벌 및 예방 관련 법적 쟁점과 과제-민식이법을 중심으로〉, 제143호, 국회입법조사처, 2020.
- 박지원, 〈부양의무 해태와 상속결격 관련 미국 입법례〉, 《최신 외국입법정보》, 통권 제133호, 국회도서관, 2020.
- 박찬걸, 〈공소시효의 정지·연장·배제에 관한 최근의 논의〉, 《형사법의 신동향》, 통권 제34권, 대검찰청, 2012.
- 서효원, 〈공소시효 관련 법률 개정의 현황과 문제점〉, 《형사소송 이론과 실무》, 제8권 제2호, 형사소송법학회, 2016.
- 성홍재, 〈체계정당성 원리를 토대로 어린이보호구역내 업무상 과실치사상

죄 가중처벌조항(소위 '민식이법')에 대한 법리적 검토〉, 《치안정책연구》, 제
34권 제3호, 치안정책연구소, 2020.

- 신권철, 〈강제입원 위헌(헌법불합치)결정의 의미와 향후 과제〉, 《서울법학》,
제24권 제4호, 서울시립대학교 법학연구소, 2017.

- 알랭 쉬피오, 《법률적 인간의 출현》, 박제성 옮김, 글항아리, 2015.

- 오종근, 〈상속결격사유, 낙태의 경우〉, 《가족법연구》, 제7호, 한국가족법학회,
1993.

- 유시민, 《나의 한국현대사(1959~2020)》(개정증보판), 돌베개, 2021.

- 윤진수, 《친족상속법 강의》, 박영사, 2020.

- 이해국, 〈정신건강을 위한 치료와 지원시스템 개선방향〉, 《임세원법 입법공
청회-'정신건강복지법' 개정을 중심으로-자료집》, 2019.

- 임세원, 《죽고 싶은 사람은 없다》, 알키, 2016.

- 전상수, 〈법률 시대를 읽다-어린이보호구역 교통안전을 위한 특정범죄가중
처벌등에관한특별법 개정〉, 《국회보》, 통권 638호, 2020.

- 정치하는엄마들, 《정치하는 엄마가 이긴다》, 생각의힘, 2018.

- 조영래, 《전태일 평전》, 아름다운전태일, 2020.

- 차미경, 〈양육하지 않은 친부모의 상속실태, 문제점과 입법제안〉, 《제2차
국회 여성가족포럼 자료집》, 2014.

- 홍찬기, 〈살인죄 공소시효 폐지에 대한 평가와 과제〉, 《형사법연구》, 제27
권 제3호, 한국형사법학회, 2015.

- T.S.엘리엇, 〈네 개의 사중주The Four Quartet〉, Harcourt, 1943.